錢穆講學粹語錄

葉龍 編著

商務印書館

錢穆講學粹語錄

編　　著：葉　龍
責任編輯：張宇程
出　　版：商務印書館（香港）有限公司
香港筲箕灣耀興道三號東滙廣場八樓
http://www.commercialpress.com.hk
發　　行：香港聯合書刊物流有限公司
香港新界大埔汀麗路三十六號中華商務印刷大廈三字樓
印　　刷：中華商務彩色印刷有限公司
香港新界大埔汀麗路三十六號中華商務印刷大廈十四字樓
版　　次：2013 年 6 月第 1 版第 1 次印刷

ISBN 978 962 07 6509 4
Printed in Hong Kong

自序一

從聽錢穆老師講課說起

在新亞最初的四年中，從一九五三年秋季入學始，四年八個學期，我每年總會選讀錢穆賓四師的一至兩門課，我獲發一本足夠用四年以上的學生證，每一學期要在修習課程表上填妥所選修的課程、學分與週時，並由擔任教授簽名，我在頭兩年四個學期都請錢師簽了名，第三年起由於偷懶，沒有再請教授簽名。但這「修課表」已成為饒有意義的歷史文獻，因為有錢穆老師的親筆簽名達七次之多。實在彌足珍貴。數月前，我整理舊書和文稿，偶然發現我的「修課表」，第一年選了錢師的「中國經濟史」和「中國通史」；第二年是錢師的「中國文化史」；第三年是錢師的「莊子」和「中國文學史」；第四年是錢師的「中國社會經濟史」。研究所時，錢師開的「韓（愈）文」及「詩經」是全體研究生必讀的。我在大學部選讀錢師的六門課都有詳盡的筆記。

可幸的是，在一九九一年時，我把錢師所講「中國經濟史」及「中國社會經濟史」整理滙編成《中國經濟史》。《信報》創辦人林行止先生認為既然尚未發表，便有發表價值，於是在《信報》闢一「錢穆講中國經濟史」專欄，自一九九一年八月十四日刊出首篇，題為〈國學大師錢穆講中國經濟史〉，這題目還是林行止先生擬的。下署「葉龍筆錄」，直至一九九三年一月五日全稿刊完。至於最後一章〈中國的水利問題〉，則刊載於一九九一年八月的《信報月刊》。中國水利一文，一九九二年十月政協無錫縣文史資料委員會出版的《鄉思集》亦予以轉載。後來壹出版的周淑屏經理認為值得將此專欄刊印成書，遂成《中國經濟史》上、下冊，蒙林行止先生慨允出版此專書，不久銷售一空，可惜未見再版以致缺售十餘年至今。[1]

由於我閒時翻閱錢穆老師歷年來的講課筆記，發覺筆記稿本中，錢師偶有談及講題以外的插敘，有時加插幾句與主題無直接關係的獨白，有時則插敘一段錢師多年來總結一個學術問題的結論，有的則是告訴我們如何做學問或如何做人。覺得如果把這些題外插敘一條一條的抽錄出來，整理編寫，最後再請賓四師刪改潤飾，編印成一本《錢穆先生講學粹語》，那將啟發我們後學，讀之得益必宏。於是我在上世紀七十年代某日寫信給錢師，講出上述一番計劃。錢師首先回信答覆的大意是：

> 整理筆錄往年講課的札記固是佳事，但年湮代遠，恐記憶不清，僅憑當時筆記，恐難整理。若時將筆記玩看，或可有益，若謀成書出版，此非易事。或便中就自己認為較有把握者，先搜索整理出兩三則寄來一閱，再論其是否值得繼續寫下，如此庶不致浪費筆墨也。[2]

錢師此函之意，謂：抽摘筆記恐不易臻於完美，不妨先試寫數則寄閱，如值得才繼續再寫。寫到此不妨談一則軼事。此函之末，錢師有兩行字責備我，道：

「不知穆之通訊地址，何不一詢他人，豈有即寫台北即可投遞之理。可見弟之處事仍有毛病，可以推之也。」

筆者受錢師之責備，十分有理。可是，錢師有所不知。此前，我住九龍美孚新邨時，「貪得意」試寫一函。信封面只寫「九龍葉龍收」，郵差先生竟然準確無誤地把信送到我的美孚住所。一個不知名的小人物，竟然可收到無詳址的信，何況是錢師，堂堂一位國學大師，如果台北郵差先生投寄不到，那豈不是太弱智了？（一笑）

言歸正傳，我便搜索錢師歷年講課筆記本，用兩張沒有格子的道林紙，精心摘錄整理了多條寄奉錢師審閱過目，看看是否能通過老師的慧眼道心，來函道：

「吾弟十五日來書已到，所寄各條已逐條改易數字，試細玩之，自可知寫短篇札記亦殊不易。盼細加尋索，此後若絡續寫來，當為絡續改正。」

整理錢師講學札記，終於得老師允諾，可繼續用心尋索摘錄，寄奉錢師改正，約有十數通之多。錢師其中一函云：

「歸後得弟書，關於前寄筆記稿，久已改過，而忘未付郵，今不知放何處，俟檢出即當寄回，勿念。」

老師在百忙中仍不忘絡續改正筆者寄去的講學札記，十分難得，可見老師的重視。記得老師一九六四年新亞辭職後，他並未拿過新亞加入中文大學後的優厚薪津。但他辭職時堅拒以申請退休方式取得一筆可觀的退休金，堅持以辭職方式離開新亞，不帶走一分一毫，這種讀書人的硬骨頭精神，今日已不多見。錢師辭職後，曾往星馬任教一個短時期，當時彼方曾欲以國立大學高職聘請他，但師以水土不宜、胃部宿疾而返港，最後於一九六七年由港遷台北定居。

錢師定居台北後，經濟是十分拮据。當時，台北故宮博物院蔣復璁院長給他半天作學術研究的一個職位，月薪一萬元台幣；另一兼職是文化大學董事長張其昀曉峰先生請他教導該校文史哲研究所的博、碩士研究生，每週末下午到錢師府上聽課一次，每月薪酬同上。可見老師生活的清苦，但老師在百忙中仍抽空改正寄給他的講學粹語，使我感念師恩，何可忘懷。

至於覆函中提及的「此次得獲晤面，見弟神色尚佳，不為遏逆所摧折，深以為喜，盼自求進益！……人事時在變易中，惟貴能自有把握，則目前小小得失，終不足以限弟之前途也。」順便簡單一提，此事指一九六六年，新亞成為中文大學一員時，李卓敏校長愛護新亞研究所畢業舊生，准許重讀一年，修幾門課，寫一篇論文，通過後可獲中大之碩士學位以方便就業。因先前新亞大學部及研究所畢業的均是非英聯邦承認的學位。此時哲學系唐君毅主任外遊，由謝幼偉教授全權代理系主任，並為我擬定〈孟子哲學及其文學〉之論文題目。半年後，我的論文已完成，所修英文及數門哲學課程亦修讀了一半，但唐教授回港後取回謝教授之職務，並無同意我之重修碩士。幸而錢師多次函請羅慷烈[3]師及港大馬蒙[4]系主任，又得嶺南書院黃麗文院長之助，終於完成了香港大學碩士和博士學位。但最應感謝的是錢師和慷烈師；也得感謝何沛雄[5]教授和馬蒙主任及黃麗文院長。

再談到錢師的講學筆記，我曾函請錢師題為「講學粹語」四字，以便將來出專書時作封面之用。但錢師覆函云：

「弟若寄筆記來，仍當代為過目刪正。至於題簽，不欲下筆，其意乞諒。」

不願稱為「講學粹語」，這是錢師為人之謙虛美德，在他心中，如將來能成書，只稱「講學札記」便可。月前我認識一位美國朋友，其父祁士德博士（Dr. Melvin Kieschnick）一九五七年時擔任協同中學校長，曾親自來九龍農圃道新亞書院邀請我到協同任教，今其哲嗣柯嘉豪[6]先生受邀來港任教於理工大學文化系。他是史丹福大學博士，曾任職台北中央研究院歷史語言研究所研究員達八年，說得一口流利的國語。他研究中國佛學史，早就聽聞錢師的大名。當年我約他午膳，談及如果有書店願為錢師出版講課中所摘錄的筆記成專書的話，他毫不猶豫的答道：「應該名為《錢穆先生講學粹語》才對。」他還說：「此書如出版對後學必有啟發，將來為中國學術必有貢獻也。」

錢師雖然不欲以「講學粹語」之名出書，但其中有一函曾親筆寫及此四字。不幸錢師八十四歲時病目，十分惋惜，此後他老人家已不能再刪正我的筆錄稿，但所幸錢師留下的數百條寶貴粹語，已足夠為後來者學習研究提供莫大的啟發。

葉龍

一九九五年成稿

二零一三年三月二十三日訂正稿

一九五七年錢師（左一）頒發大學畢業證書予葉龍。

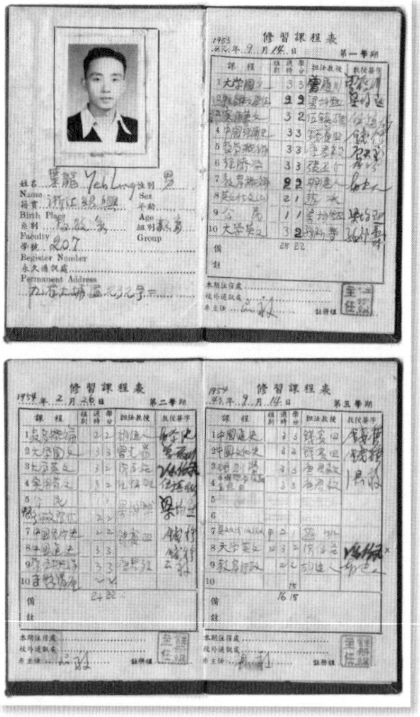

葉龍的新亞書院學生證，修習課程表上有錢穆及其他教授簽字。

自序二

講學粹語富有學術文化價值

筆者入讀香港新亞書院及新亞研究所時，受業於錢賓四師，逢有先生之堂上講課及學術講演，必詳作筆記。爰將一九五三年至一九六二年間，凡錢師所講，有語意精闢者，每次整理一二十條，於上世紀七十年代，謄正後寄呈錢師刪削斧正，或添加三兩句，或增減一二字，有整條刪去不用者，亦有多條一字不改者。約有百餘條。暇時捧讀，覺對學習文史，甚有得益，且啟發亦大。遂於錢師在一九九零年八月三十日病逝後，商請師母胡美琦女士允諾後，稿送台北《中央日報》副總編輯兼「中副」（即「中央副刊」）主編梅新先生，亦認為此講學札記極具價值，並同意以「錢穆老師講學粹語」為題，遂自同年十月某日起，排日刊載於《中央日報》「中副」版。

錢師生前致筆者之手札中，亦曾同意未來尋索札記積累日多時，或可出書成冊，以供後輩青年學習參考之用。正如錢師所云：「此類札記，如趙翼《廿二史箚記》，於後人極有用。」老師生前亦有意作《新廿五史箚記》，或《宋史札記》、《明史札記》等。惜筆者當年未聽錢師所講秦漢史，師亦未開宋史或明史等，不然必可尋索得甚多札記。今自老師講學粹語所採集整理成文者，自不限於一史或眾史，乃包羅經史子集各類，已成範圍更廣思路更闊之經史子集講學札記。然錢師生前不願為書名題簽者，乃純出於自謙。然吾屢讀老師札記，覺字字珠璣，極富學術文化價值，予以公諸於世，以便後學參考，定名為《錢穆講學粹語錄》，當屬名實相符也。

今將錢師親筆刪改「講學粹語」刊於卷首，從錢師所刪改的文句，亦可知錢師如何改文章，有助吾輩作文。寄送給錢師的粹語二十二頁紙，共一百一十餘條。其中一字不改者有二十五條，只改一或二字者計有十六條，兩者相加得四十一條，尚不及一半。正如錢師所云，寫作札記雖短，然亦非易事也。以上全卷為師刪去十一條，今順次抄列於下：

- 某日余在台北購得陸賈《新語》，窮一晚一晨之力讀畢此書，覺書內問題頗複雜。書中並提及公羊與穀梁。余疑公、穀二書必有所自。其始決非漢人憑空捏造，且思如有穀梁，必當在公羊之前。
- 陸賈《新語》是否可靠，頗待考證。余讀此書時，隨手有劄記，覺其書甚為可靠，如欲為文發表，則問題頗多，牽涉頗廣。

手指有長短，文章有高下。

如撇開《明夷待訪錄》不談，則章實齋「六經皆史」說不能血脈相通。蓋實齋此說，乃根源於《明夷待訪錄》。

余嘗勸青年，當先讀「曾文正公家書」、「曾文正公家訓」，及其所編之《十八家詩鈔》。

余甚愛好宋明理學，喜朱子，亦喜陽明；所抱憾者，厥為彼等均主力爭孔孟道統一點，蓋學孔孟者，均為孔孟門徒，自不必斤斤於門户之見也。

學朱子者，未必十年能成；學陸王則更恍惚不易摸捉。余意學陽明可先讀黃黎洲書，學象山當先讀李穆堂書，當不失為一可行路徑。為學可有宗主，惟不可有門户。

宋史、明史、清史等正史均不甚佳，當重寫。

李叔同留學日本，習音樂。回國後，曾在中央大學任教，甚得同學愛戴。後出家為僧，過嚴肅清苦生活。做大和尚者，因捨棄其舒適之生活，進而過其不舒適之生活，此即宋儒張橫渠[7]所云：「貧賤憂戚，庸玉汝於成」之謂也。

關於義理之學之文，不能遽下評斷，蓋義理之學，甚難有是非之標準定論故也。

羅近溪一生經歷頗奇特，其道理亦自艱困中悟得。

以上十一條，雖錢師亦在課堂講過，但為錢師刪除者，有的固然無甚意義，如「手指有長短」一條便是。又如「李叔同」一條，亦非張橫渠所云人當於貧賤中有成，而並非指只限於出家信佛也。又如師云宋、明、清史不甚佳，後之史家盡可重寫，但舊史亦不妨並存。此屬在下淺見，不過讀之仍可得益，如何揣度，隨讀者自便可也。

不過，可順筆一提者，乃有關《國史大綱》一條，在下加一案語云：「今人東海大學教授徐復觀[8]君嘗為文自記，某日在大陸時，曾請教黃崗熊十力氏[9]，讀史當選何書？熊氏答以古人著可讀王船山《讀通鑑論》，今人著可讀錢穆賓四著《國史大綱》。又西南聯大文學院長某氏，於並時學者少所許可，惟於賓四師《國史大綱》，推讚不絕口，其尊崇可知。」但為師全段刪去，蓋案語並非札記，體例務必嚴謹也。

葉龍

二零一三年四月六日

註釋

1 編按：二零一三年一月由商務印書館再版，書名為《錢穆講中國經濟史》。

2 拆此航空信時，因紙薄大意撕去兩角，已無法尋得，所幸仍不失大意。

3 羅慷烈：羅教授解放前與錢穆師同任教於廣州王淑陶校長創辦的華僑大學，一九四九年同來香港。羅師先在培正中學、羅富國師範任教，後任香港大學中文系教授直至退休。

4 馬蒙：時任港大中文系主任，頗得黃麗松校長之器重。馬主任退休之年得以延長任教五年。馬主任曾慨嘆得不償失，蓋五年後之樓價大升逾倍也。

5 何沛雄：畢業於培正中學後再入讀港大，三十歲並獲英國劍橋大學博士，再回母校中文系任教，升至教授。二零一三年病逝前擔任珠海文史研究所所長及文史系主任。

6 柯嘉豪：於二零一一年初任教於香港理工大學中國文化學系，不久返美出任史丹福大學講座教授矣。

7 張橫渠：張載，字橫渠，宋代知名理學家，其所著〈西銘〉一文，為民國時代公務員必須背誦之文。

8 徐復觀：國民政府時期曾任蔣中正之少將侍從官，後師事熊十力氏。

9 熊十力：熊氏曾在北京大學哲學系兼任教授一門「儒學」，時錢穆師為北大歷史系專任教授。

目錄

第一部分

錢穆講學粹語

前言

錢穆賓四先生自一九四九年於香港創辦新亞書院起，直至一九六四年辭職止，歷時十五載。期間先生在大學部及研究所所開課程，記憶所及，計有「論語」、「孟子」、「詩經」、「韓（愈）文」、「中國通史」、「中國經濟史」、「中國社會經歷史」、「中國文學史」、「中國文化史」、「秦漢史」、「中國思想史」、「莊子」、「老子」等十餘種；在同時期中先生在校內外所作學術講演，不可勝數。筆者入讀新亞後，每有聽講，均有筆記。先生赴台北定居後，以未能再聆先生教誨為憾。然暇時翻閱先生歷年所講各科筆記，有時反覆諷誦，覺其意極富啟發性，且多為先生已出版諸著作中所未見者，極具學術上之參考價值。遂思將其語意精闢者摘錄成若干條，名之曰《錢穆先生講學粹語》。

一九七二年起，筆者執教於香港嶺南書院中國文史系，課務較少，每於課餘整理輯錄若干條，謄抄達兩三頁時，輒寄往台北請先生刪削斧正。先生雖自謙不欲以「講學粹語」為書名題箋，然欣然允為刪正。先生雖病中亦樂為之改，如是者往來書信凡多通。先生改「講學粹語」，有時大改，添加三兩句者有之；有時小改，僅增刪一二字者亦有之；有時整條無一字改動者；亦有整則刪去不用者，總共得一百一十餘條，乃摘錄自先生一九五三年至一九六三年之講課筆記。然筆者疏懶整理，至一九七八年後，老師病目，此後已不能再為之改正矣。

所輯百多條先生之講學粹語，本擬於一九七四年五月謄正刊出以慶祝先生八旬壽辰，竟又拖延至今。其意以輯錄先生粹語未齊，欲俟賡續整理全部完成後始作刊出。今先生遽歸道山，捧誦先生手改遺稿，覺其字字珠璣；先生生前於來函中示意可將是篇公諸於世，則先生平日所主張「學術為公」之雅意樂見有日矣，遂將之粗略分成「思想與學術」、「歷史」、「文學」、「為學與做人」及「人物」五類，抄寄台北《中央日報》「長河」副刊，蒙主編梅新先生將粹語於一九九零年十月十六日起逐日刊登完畢，今將歷年記述錢穆賓四師之「講學粹語」滙集整理，連「補遺」一併刊出以表敬悼先生師之遺意。

錢師攝於台北錢府，時值一九九零年七月三十日。錢師於一個月後逝世，享年九十六歲。

陸賈新語無非是說無為，但又不違背儒家。陸賈文中無疑存有道家意味，似將儒道兩家思想滙在一起。故如肯定陸賈乃一儒家，頗有問題。秦漢以後之儒家變化極大，乃從董氏春秋之路而下，已雜揉融合有各家之思想矣。（1961.12.18.）

某日余在台北購得陸賈新語，窮一晚（晨）之力讀畢此書，覺書內問題頗複雜。書中並提及公羊與穀梁。余疑公穀之書必有所自，其始決非漢人憑空捏造。且思如有穀梁，必當在公羊之前。（1961.12.18.）

陸賈新語是否可靠，頗須考證。余讀此書時，隨手有劄記，覺其書甚為可靠，如欲為文發表，則問題頗多，牽涉頗廣。（1961.12.18）

論寫作歷史，寫到後代史，材料多而易作；寫到古代，材料少而難作。（1961.12.18）

學歷史者，當兼能著史、考史及評史。（1961.12.21）

八股文巧妙處，在能扣緊題目，正反均不離題；桐城派古文也最大巧妙亦在此。（1961.12.21）

寫文章之大本領非在寫出部份，而在未寫之處。其巧妙即在不可將所欲言者全部說出；與題旨無關者更當捐置，切勿闌及。（1961.12.21）

為文當有只寫一條或一小段文章之本領；細看日知錄、東塾讀書記即得此。（1961.12.21）

八年可悟

作文當善為剪裁，只說其中心一題旨。如歐陽永叔寫唐書藝文志序，全文中心僅得一句也。（1961.12.21）

八股文有一特重之點，即全文均須切題，一字不可支蔓；世有藐視桐城派文者，以歸有光、方苞均為八股文名家故也。近人如章太炎最不屑桐城文，然其晚年主張為文須學桐城，因桐城派古文，凡作一題，必能把要點深入點出題旨，卻無支蔓之病。（1961.12.21）

開始學寫論文，不可太簡要，當詳細考訂辨論。(1961.4.16)

研究詩教當用朱子詩集傳及朱子語類。(1961.4.16)

初學寫論文，題目宜小，且不可牽涉太廣。(1961.4.16)

講黃梨洲思想淵源，除了家庭鄉土以外，尚須注意劉蕺山，因兩人有精神相通之點，此點惟章實齋說得最明白。(1962.4.30)

余最喜梨洲明儒學案自序。(1962.4.30)

寫論文當兼重義理與考據。(1962.4.30)

做學問必須有一條路，此路曾為康有為所破壞。康氏不講義理，而講經學，講經學而又是純為發表己見。吾人不可走此路，而仍當講義理。(1962.4.30)

請賓四師改削

1968.8.21寫奉

學歷史者，當兼能著史、考史、評史。如司馬遷史記，對所採史料均加考據，五帝紀即有考證。且如伯夷列傳，以考信於六藝，此即有評史。如貨殖列傳，於國家經濟政策即有評論。吾人讀史記時，當以兩種眼光注意其考史與評史。至如司馬光資治通鑑，分考史與評史，已將其書體例分為兩途矣。宋人重論史，清人重考史，今日學者則重編史矣。(1961.12.21)

研究歷史，不可專作考史功夫，須能評史，且更應能寫史。寫史之體例方式甚多，不必拘束於一途：史記列傳，雖不必一定如史記寫法，即寫一本斷代史或專論一史事，或專論一人物均可。在寫史中，能包括考史論史，為最上乘之法。(1961.12.21)

做學問當熟讀典籍，能背誦更佳。憶在抗戰期間，余在撰寫國史大綱，某由重慶教育部開會講學，會後，有十屬到新疆，徐炳昶先生同座，閒談間得知其能背誦王船山讀通鑑論。余甚佩服，因彼為留法學生，知徐君乃大學時所讀熟。又有某數學教授東北家，覺能熟誦左傳，亦稱佳事。

B5

錢穆親筆改正講學粹語手稿

壹　思想方面的粹語

欲考《禮記》成書之年代，有一方法，即將《禮記》拆散，就其四類再告細分，從而定其時代。余意《禮記》當出於孟荀之後。

·

講義理之學，不可一概避開考據不談。如姚際恒[1]作《禮記通論》，將《小戴禮》四十九篇一一找出證據，是其精細處。此即義理與考據並重也。

·

《論語》中所論，並未及人生之起源與歸宿，意義與價值。其所論只是針對社會人生，加進一份理想。孔子所希望者，即世間有一部分人，即所謂士者，來擔負此理想，孔子為之「士教」，而非宗教主，其不同於釋耶者在此。

·

陸賈[2]《新語》無非喜說無為，但又不違背儒家。陸賈文中無疑存有道家意味，似將儒道兩家思想滙在一起。故如肯定陸賈乃一儒家，頗有問題。秦漢以後之儒家變化極大，乃沿襲《呂氏春秋》之路而下，已雜揉融合有各家之思想。

▪

近八百年來，學術上有程朱陸王之爭，有漢宋之爭，而所爭均以朱子為中心。陸王反朱子，然並未觸及朱子之真面貌；漢學家反宋學反朱，亦未能說出朱子真相。黃黎洲百家父子及全祖望三人完成《宋元學案》。然黎洲屬王學，其講述朱子便有所偏；全祖望[3]亦偏於陸王，故《宋元學案》乃以陸王立場反朱子者。學者苟單從《宋元學案》來了解朱子，便難免有所偏。

▪

學者如單從陸王研究理學，便不能了解朱子；然如本朱子立場來反對陸王，亦非是。蓋朱子講學在前，本不為反陸發也。又如站在朱子或陸王一邊來看宋學，亦不能得其全，學者不可不注意。

▪

王陽明[4]講良知，並非講大學；劉蕺山[5]講誠意，亦非講大學。我所謂講義理，不必兼講考據者在此。

▪

近兩日胃疾，臥床讀崇禎時僧人釋夢華[6]《逆言》，書中批評儒道各家如莊老孟子及宋明理學諸家，皆甚佳，彼以佛經觀點批評儒道，唯不限於某宗，評得語語中肯，實為一讀通佛經及諸家學說之大哲通人。吾人如讀通中國書，以之評覈西方學說，亦無不可。

▪

學者苟欲懂得王學，須先讀《陽明年譜》，不當先看《傳習錄》；陽明如不早死，可能有王學之第四步、第五步之轉變。江右王門所講，甚有道理。

▪

學者如欲學陽明良知學，首當從自己日常生活悟起，空言無益。

▪

陽明之學非不可講，然甚難普遍提倡。吾人苟欲研究陽明學問，須先了解其生活歷程。清儒講陽明學者，吾最喜李二曲。[7]二曲著作亦多。如欲了解陽明，當先讀其年譜，再讀其詩文，繼而讀《傳習錄》，則能了知陽明一生及其學術精神所在矣。如讀李二曲書，亦當本此意尋之。

▪

苟能精讀一書，自能啟發自己之識見聰明。朱子教人首先讀《大學》；陽明開始亦讀《大學》；王心齋[8]成學前無師友，平時只看《大學》一篇。

▪

王心齋乃自極窮約中體驗得人生真諦者。

▪

講黃黎洲思想淵源，特須注意劉蕺山，因兩人實有精神相通之點，此點唯章實齋說得最明白。

▪

余最喜黎洲《明儒學案》之自序。

▪

桐城派自居為得宋儒義理之傳。曾國藩師法桐城，其所講人生大道理，均散見於其所作文章中。

▪

《說文解字詁林》一書中，並無義理可言。「訓詁明而後義理明」一語，非是。

思想方面的粹語（補遺）

每一個民族，均有其人人必讀之書。自宋起，六百年來人人必讀之書為四書。《論語》、《孟子》為我國二千年來必讀書。《大學》、《中庸》則為六百年來所定。余意《莊子》、《老子》亦當為必讀書，固儒道兩家已有二千年歷史，對中國文化影響最深最久。

▪

朱子定《論語》、《孟子》、《大學》、《中庸》為四書。四書固當讀。余意：今日人人當必讀《論語》、《孟子》、《莊子》、《老子》四本書。姑名之曰「新四書」可也。

▪

中國人之道理，萬變不離其宗，均包涵在《論語》、《孟子》、《莊子》與《老子》四本書中矣。

▪

《莊子》有三十三篇，此書最難讀。如能讀通此書，其他書亦易讀了。故讀《莊子》可訓練讀古書之能力。

■ 余自十歲至十二歲愛看小說，如《水滸傳》，亦兼看《金聖嘆》之注。

■ 余十七歲讀《莊子》。讀古書一定要兼看注。郭象注[9]《莊子》最有名，但仍不易懂。清王先謙[10]有《莊子集解》，亦可看。

■ 中國佛家多讀《莊子》，並有高僧作注。

■ 余四十歲後作《莊子纂箋》[11]，所引各家注凡三百家。歷時兩年完成。

■ 莊子為戰國時人。與孟子同時，惟孟、莊未曾晤面。孟子在政治上與各國關係多；莊子則少。最著者，莊子曾由好友惠施介紹見過梁惠王。此層，余在《先秦諸子繫年》中已有詳述。

■ 余在香港，於民國四十二年（一九五三年）用白話撰《莊子小傳》[12]，述說莊子事蹟，自認係愜意之作。

《莊子》共三十三篇，由晉郭象編纂成書。郭象以前，人謂《莊子》有五十二篇，但流傳僅得三十三篇。計〈內篇〉七、〈外篇〉十五及〈雜篇〉十一。

▪ 《莊子》一書，其書名非著作者之名，乃學派之名稱。因古人胸襟闊大，講公理而不計個人名利。凡莊子弟子講述乃師道理，或後學者發揮莊子之思想，均全併輯入《莊子》中。〈內篇〉始為莊子自撰；〈外篇〉為他人所撰；〈雜篇〉則為零碎未成篇之文。欲辨《莊子》一書之真偽，比較複雜。因書中有莊子親撰者，有非莊子親撰者；其中作品之撰成亦有早有遲。

▪ 一般言之，《莊子》以〈內篇〉七篇最好。〈內篇〉亦最難讀；〈外篇〉較易讀；〈雜篇〉有的亦難讀，內容精要，但甚雜亂。

▪ 余意：老子在莊子之後，孔、孟、莊、老四人，孔子最早，孟子莊子次之，老子最後。但《莊子》〈外篇〉中亦有較老子為遲的作品，因很多非莊子親撰。其中〈馬蹄篇〉，盧梭最為愛讀，其實此文非莊子所作。但此文短而容易講解也。

莊子之文章乃中國千古以來之好文章。吾人學韻文當讀《離騷》；學散文當讀《莊子》。但此兩書亦為最難讀之書。

余從前愛讀《莊子》、《離騷》。只要喜歡，不懂暫且可不理。凡喜歡者，要懂亦會省力些。人當培養讀書之心情，則必會產生讀書之趣味。學習任何事物，必先喜愛之，才能變成懂。

莊子不但是曠代哲人，又是絕世大文豪。其思想高，文學亦高。但很難讀。但吾人求學當永遠向不懂之處鑽研，才會有進步。

漢時人講黃老之學，魏晉後才講老莊之學。蘇東坡曾說過，他尚有很多話想講，後來讀到《莊子》，才知道都被莊子講完了。

郭象注《莊子》之文章也極好。余五十歲時才發現郭象注《莊子》亦有錯處，正如朱子注《論語》亦有錯處。其實郭象注《莊子》，部分是郭象自己思想，與《莊子》原書不同，乃自成一派。

▪

人謂郭象人品差。據説其所注《莊子》乃剽竊自向秀之注。其實，郭象乃依循向秀[14]講法，即讀通了向秀注再重寫一部，襲取其觀點之謂。

▪

唐代帝王姓李，老子亦姓李，故唐代特重道教。有成玄英[15]作《莊子疏》。疏以解釋注，不懂注，可讀疏。今日有人將郭注、成疏及陸德明[16]《經典釋文》中之《莊子》意義合而讀之。

▪

歷來注《莊子》可分三個時期：第一期以晉郭象《莊子注》及唐初陸德明《經典釋文》為主。漢人講黃老之學；魏晉人則講老莊之學，再加《易經》；為三玄之學。當時有人將陸德明《經典釋文》中釋《莊子》文字之意義合併入郭象《莊子注》中。陸氏之意義乃滙集多人之解釋，由讀者自己選擇。注《莊子》第二期為明代焦竑作《莊子翼》、

《老子翼》。「翼」者幫助之意。此書採集多家意見，很重要。注《莊子》第三期則在清代。如王先謙撰《莊子集解》等。

清人重漢學。整理國故，功夫偉大。吾人讀古代典籍，須先讀清代漢學書籍。梁任公譽清代為中國文藝復興時期。

清人主張「訓詁明而後義理明」。蓋讀書先要識字。中國字二千年來字形不變，但字義用法則不同。

讀古書當考究古代文字之用法。識字是小學，訓詁、考據亦是小學。故先應讀文字學，讀通古文，才能通古代典籍。

清代講漢學最有名者當推王懷祖[17]、引之[18]父子及俞曲園[19]。王氏父子有《經義述聞》及《讀書雜誌》二書，俞曲園仿《經義述聞》作《群經平議》；仿《讀書雜誌》作《諸子平議》。上述四本書乃研究國學者所必讀。

胡適之先生寫《中國哲學史大綱》，說要感謝王、俞諸先生，否則讀不懂古書。故讀古書當先學小學，才能明思想義理。

▪

余謂：「訓詁明而後義理明」一語亦不很對。如「詩言志」一語，其意義並非如字面般簡單。「言志」兩字有問題。倘使不作詩而作別的更能言志，則不必作詩。故「言志」二字並不簡單。故光是通小學與訓詁仍是不夠，當再學考據，擴大其研究範圍。

▪

又如「學而時習之」、「顏回好學」，照訓詁言，「學」者，「效也，覺也」。單是作如是解釋，已嫌不足。應進一步作考據。宋小程子十八歲時出「孔顏所好何學」一題，直傳至今。但此題已非單憑訓詁所能講得明白。吾人當讀通全本《論語》才能找到答案。故論義理之學，清不如宋。

▪

又如老子所言：「道可道，非常道。名可名，非常名」。當讀通《老子》五千言才能明白。已非單純靠訓詁所能解釋，王、俞諸先生亦未能講明也。

▪ 做學問當分考據（含訓詁）之學與義理之學二途。如《論語》中論「仁」，當將《論語》全書歸納之才可解釋，不能單靠訓詁。清人阮元作《論語論仁篇》、《孟子論仁篇》，此法仍是不妥。朱夫子曾說，難道不講到「仁」處，便與「仁」不相干嗎？因此當讀通《論語》、《孟子》全書，才可作解。故釋「仁」字，清不如宋。

▪ 朱子釋「仁」為「心之德，愛之理」，乃朱子窮數十年之精力，才能作出此精闢之解釋。

▪ 太偏重漢學，則成為科學的死頭腦，不會活用。但宋學家專重義理，則頭腦失之粗疏。故今人做學問，當兼重兩者，始可進一步發揮更佳之成績。

▪ 學考據之學較易，學宋學則較難。即使兼學考據與義理，亦仍有不足之處。清人云：「積字而成句，積句而成篇（章）。」此言乍聽頗對，但一個字不止一種講法，乃有兩種或多種講法。故必須先懂全篇大意，再解釋個別之字，才可講通。故姚鼐主張「義理、考據、辭章三者不可偏廢」也。

■

《莊子》一書，不同於孔子、老子之書，莊子之作，乃含有高度文學技巧。如不通文學，便不能通《莊子》書中之義理。

■

讀古書當具備三條件：一考據，科學頭腦是也；二義理，哲學思想是也；三辭章，文學眼光是也。

■

清人重考據，故能注釋古書，惟注不好《莊子》。清人注諸子最佳者為《墨子注》及王先謙之《荀子集解》。但王著《莊子集解》則並不佳。蓋王氏專講訓詁考據，而不懂莊子之辭章故也。其實，王先謙之文學修養已不俗，曾編《續古文辭類纂》一書。郭慶藩[20]《莊子集解》，則較王著尤劣；而桐城馬其昶[21]通伯作《莊子故》，則優於王著。

■

余十七歲讀《莊子》，初不明考據，先愛其文章，後再讀宋義理之學，及撰《莊子纂箋》，乃博採百家之注疏，兼收考據、義理、辭章三方面，自忖取捨得宜，簡明扼要。

貳　歷史方面的粹語

論史評史類

太史公寫《史記》之偉大，在能對所蒐集之材料知所取捨，評略得當。

▪

中國自《史記》、《漢書》一出，後人無法再循此路加以創新。如杜佑《通典》、元和《郃縣志》、《宰相世系表》，均能自闢蹊徑，各創一格，故有其大貢獻。

▪

寫史必須有體例。體有一定，例不拘常。如《史記》、《漢書》有《儒林傳》；《東漢書》則有《文苑傳》；至《宋史》另加《道學傳》，清人評為不當，非是。

▪

學史者，當兼能著史、考史、評史。如司馬遷《史記》，對所採史料均加考據。如〈五帝本紀〉，如〈伯夷傳〉，必考信於六義是也；亦有評史：如〈貨殖列傳〉，對當時國家經濟政策即有評論。吾人讀《史記》時，當以兩種眼光注意其考史評史之處。至如司馬光《資治通鑑》，考史評史分為兩途益易見。宋人重論史；清人重考史；今日學者偏重論史，然亦有極濃重之論史意見，此不可不知也。

▪

劉知幾[22]評《史記》甚幼稚。

▪

《廿二史劄記》一書，體裁甚佳。但今人讀之，似已不甚感興趣。余嘗思作《新廿五史劄記》，或《宋史札記》、《明史札記》等，此等工作，於後人極有用。

▪

或說《廿二史劄記》非趙翼[23]親作。李慈銘[24]即持此說。余意不甚贊同。趙氏非考據家，乃一史學名家。趙著確有其精彩處。余之欣賞此書，以其人極有智慧，頗富哲學味，讀其詩可知。

▪

清儒章實齋提倡袁氏紀事本末體，是有其大見識處。《資治通鑑》固須讀，《史記》、《漢書》一類正史更須讀。若單讀紀事本末體，必嫌其單薄。余謂中國正史極偉大，尤以正史中之列傳為最。

▪

講歷史者，不當以現代人之觀念套來講古代史，亦不當以西洋歷史之固定型式套來講中國歷史。如將西洋之封建社會及神權社會裝進中國社會中，則非驢非馬矣。又如有人講中國古代神權政治時，則將當時儒、道、墨、法思想一筆勾銷，亦屬不智，故講歷史當實事求是，亦不必以迎合時代為貴。

▪

寫作歷史，後代史材料多而易作；古代史材料少而難作。

▪

吾人寫史，如無人情味在內，如何令人讀之有可歌可泣之感？

▪

寫史不能專寫通史，斷代史仍有極偉大之價值。

▪

余寫《國史大綱》前，初欲倣趙翼《廿二史劄記》體例，提出若干大題目，篇幅內容稍加擴大。迨《國史大綱》書成，請呂思勉[25]先生代校是書。又繆鳳林[26]先生讀是書，指出余疏誤處凡二十條左右。余在川時，曾將繆評附刊書後，後始逐條改正。

．今日西方史學家談歷史，均具悲觀色彩。研究中國史，如能講出中國人對前途不必悲觀之道理，始得稱佳。

．英國歷史學家湯恩比[27]講文化，其錯誤在以蘇俄為東方文化。至於指出刺激與反應來講，此點亦不妥。湯恩比並主張復興基督教。然吾人似不能依賴上帝來解決人類問題。

．湯恩比講文化，只重西歐方面，而忽略了其他民族之文化，彼連對東歐及美國文化亦頗有偏歧之看法。

．湯恩比之歷史學觀頗為淺見。彼收集第一次大戰之史料，鑒於大英帝國之沒落衰敗而深受刺激，彼亦深知今日世界中心在美蘇，而世人已唾棄西方文化，然彼不能對西方將來提出一中肯而可寶貴之意見來。

研究歷史，不可忽略人。當知有五度空間。即在四度空間上再加進人的精神，至於第六度，則屬神的方面，然此已非史學觀點矣。

▪

研究歷史，不當專作考史功夫，須能評史，且更應能寫史。寫史體例方式，不必拘束於一途；能在寫史中，包括寫史論史，是為最上乘之法。

▪

歷史方面的粹語（補遺）

歷史考據類

根據《史記．商本紀》，商當時為天子。封周為西伯。龜甲文中有「周侯」兩字。即商為天子時，周為諸侯，此乃當時政治上之名分。

▪

商在安陽（河南）。周在豐鎬（陝西）。自周赴商要從黃河擺渡。周擊敗商後，商之箕子逃往今之韓國。此事雖難找得證明，但絕對可信。韓國人亦自知。可見中韓早有關係。

▪

商代之政治勢力東至今日之韓國，西可管轄周侯。由此可推測，此時商在南方當亦有其政治勢力。為時約有三百年，可見商規模之大，文化之高了。蓋政治亦文化表現之一，進步到如此狀況，至少要幾百年。

▪

周朝人跑出東方有兩條路線：一條出函谷關，可到洛陽；一條出武關，可到漢水、淮水。再而可到南陽（湘）、襄陽（鄂），再經漢水、淮水到長江流域。故周是「剪商」。周推翻商政權後成為新王朝。但仍封商後裔於安陽。

■

武王滅商後二年崩。其子（成王）年幼，僅十餘歲。中國古代傳帝位，一為立弟，即兄終弟及；一為立子，即父子相傳。武王以成王太年輕，而管叔不才，乃屬意周公繼位。周公以為不可。按理應讓其兄或姪兒繼任，故周公僅擔任攝政，代理而已。七年後還政於成王。此周公之所以為聖人。亦即中國文化精神之所在，與西方文化有所不同。

■

某日大風雨，周公見麥苗盡淹倒田間，懼荒年即將來臨，便赴廟祭祖，並向神禱告求武王病癒。周公欲以己身代武王之死。並將冊祝之文及事情始末，藏於金滕之匱中。成王某日赴廟發現，前疑盡釋。於是親迎叔父周公返朝。太陽復出，麥苗亦再生。

■

三監受武庚煽動而掀起反叛中央王室行動。周公派兵東征。命子伯禽為前鋒將軍（時伯禽年齡在十七至二十歲之間）。大義滅親，殺管叔、武庚。周公仁至義盡，仍封商於商丘。商仍有不服之殷頑者，周公遷彼於洛陽；重立安陽為衛國，為九弟康叔封地（康叔壽逾百歲）；封己子於曲阜；封姜太公（武王岳父）於山東臨淄，即齊國；封晉於太行山旁；封申、呂兩國於漢水、淮水之間；又封吳、蔡等國；將商丘加以包圍監視。周公此種封建措施，在道德上，在軍事戰略上，均能兼顧勿失。

・

周都建於鎬京（西安），迨西周衰落，有戎狄之患，周遂遷都洛陽，稱東周。周盛時，曾封二百餘諸侯。被封者包括本家宗室、外戚與古代滅國如夏、商、唐、虞、黃帝、神農諸帝。周王室為共主，其他受封者可說為部落。故中國正式有封建，當自周始。

・

所謂「四夷內侵」，實即「華夷雜處」。蓋當時耕稼之民住於城郭之內。所謂野人，即住於城郭外之遊牧人。由於西周衰落，王室尊嚴蕩然無存。諸夏不服，互相吞併，篡弒頻生。於是四夷入侵，戎狄進入城圍之內，耕稼文化衰落，此乃春秋初期之大形勢。

由於周王室衰微，篡弒兼併頻仍，戎狄內侵。於是有霸主出而推尊周天子，禁篡弒，抑兼併，先使各國趨於安定，進而對付戎狄。此即齊桓晉文等霸主根據當時東周形勢所制訂者。

▪

管仲相齊桓公，力主尊王攘夷。孔子所佩服者，周公之外，當推管仲。以為如無管仲，將無中國文化。故孔子說：「微管仲，吾其披髮左衽矣。」又說：「民到於今受其賜。」足見孔子對管仲推尊之隆。

▪

當齊桓、晉文等輪流擔任霸主時，主張城郭聯盟。如有一國受侵，聯盟各國由霸主統率出兵增援解救。歷史亦會重演。今日世界上之局勢猶如春秋時代一般，在聯合國號召之下，由美國為盟主出兵助南韓以抗北韓，英法等多國亦派兵助之[28]。

▪

封建制度為周公所創設。沒有封建，便無周朝；「尊王攘夷」為管仲所提出，有齊桓、晉文等霸主出而維持當時局勢，中國才得安定。今日世界局勢正如春秋時代，亦需要有一大政治家挺身而出，憑其一言而解開時代之癥結，使世局趨於安定也。

余在民初曾見《春秋時代的國際公法》一書。該書以《左傳》所載，當時齊桓、晉文所訂法律，用來比較現代國際公法，似較後者更為進步。此書寫得很好，惜忘其作者，現已絕版矣。[29]

從前中國人決不承認中國是一個大國。其實，吾人不能違背天與歷史，中國永遠是一個大國。

戰國時代亦有二百四十年歷史。由十二諸侯成為七雄。此時已無「尊王攘夷」之口號。春秋時代一國一城，是城市國家；至戰國，則一國有多城。如齊國有七十餘城，已很具規模。故春秋時為封建諸侯；戰國時則為軍國，以軍立國矣。

其實，戰國不止七雄。起初應有九雄，齊、楚、燕、韓、趙、魏、秦以外，尚有宋與中山。中山國則為春秋時所無者。

春秋時代之國方百里；戰國時代則增加十倍至方千里了。故孟子曰：「今天下方千里者九」。

《戰國策》中，亦記有九國之策。但太史公《史記》則稱七雄。太史公生於秦始皇統一中國後八十年。孟子則先於太史公約三百年。且為戰國時人。《史記》為後出之書，稱七雄亦非錯。因宋與中山先被滅。故前期、中期之戰國為九雄，而後期則是七雄也。

太史公《史記．蘇秦、張儀列傳》中，謂蘇秦遊説六國成功，成為縱約長，並相六國。六國遂聯合抗擊秦。太史公記述蘇秦如何自貧寒而成為六國之相；張儀又如何受蘇秦之激怒而卒成秦相。此故事傳説已有二千年，但內容實不可靠。此余所以主張神話與故事不可全信也。

太史公記蘇秦、張儀史實，有錯誤處。吾人考證歷史，便知其不真。第一點：蘇秦、張儀略早於孟子。孟子説：「今天下方千里者九」。則照理蘇秦應遊説聯合八國，何以只遊説六國，而少了宋與中山國？

30

第二點：《史記》載蘇秦遊說六國成功，遂聯合而抗擊秦，似乎秦當時為最強。但考諸史實，當時最強之國為梁（即魏國）與齊。孟子見梁惠王，梁惠王曰：「晉國，天下莫強焉！」（梁自稱晉國。）後來孟子見齊宣王，告訴齊宣王不能憑武力王天下。孟子曰：「海內之地，方千里者九，齊集有其一，以一服八，何以異於鄒敵楚哉？」孟子看出當時齊宣王有統一天下之慾望。

第三點：春秋時，各國諸侯皆稱公，獨楚稱王，因楚不服周天子。接着有吳、越稱王。至戰國，梁惠王稱王時，秦則稱孝公。梁惠王恐為人忌，乃邀齊威王亦稱王。其子宣王繼之，國勢大盛。其後秦始漸強。當時現象乃強國先稱王，弱國緩稱王。

綜上所述，蘇秦、張儀等縱橫家活躍時期，強國乃魏與齊，而非秦。

孫臏、龐涓同師事鬼谷子。後來孫臏事齊，龐涓事梁。齊擊敗梁而成大國。齊與楚聯合，迨秦與楚和，再而齊楚絕交，秦漸成大國，由於戰國史文獻為秦廷焚毀，太史公作《史記》已苦無憑據。故講此段歷史，對《史記．蘇秦列傳》所述，當持審慎態度。

向來學歷史之人，比較不重視社會與經濟。西方人講社會學亦不過二百年而已。

▪ 所謂唯物史觀，即經濟史觀。西人認為由經濟形態來決定社會形態，再由社會形態決定一切歷史，遂有社會的分期。唯物史觀、經濟史觀的分期則稱政治跟隨社會，社會跟隨經濟。於是說封建社會是農業社會；資本主義社會是工商業社會；共產主義社會則仍是工商業社會。這可說只是部分對，但東方歷史決不能如此講。

▪ 西方講歷史分期相當紊亂。只能分上古、中古、近古等來講。中國講歷史有系統，可按朝代來講。與西方分期迥然不同。因人類歷史演進並不能照馬克思所講的。人類歷史演進有無共同軌道大值商榷。

▪ 中國人的歷史演進顯然與歐美各國的歷史演進不同。對各民族歷史演進，當用歸納法講，再來察看是否有共同軌道。

今日世界之問題，由於不能用政治、宗教等來解決，因此西方人已漸注意到東方的歷史。由於土耳其、埃及等國的歷史不完整，唯有中國的歷史可用來研究人類歷史如何演進。此所以歐美在今日已注意到文化問題。

從前西方人認為不信基督教的民族為不開化的、不文明的、野蠻的，因此視中國為半開化的。但今日西方業已改變此錯誤觀點。

未來欲對世界學術有大貢獻的，最好莫如研究中國歷史。

今日世界人類已覺醒，各有一套自己民族的文化。並不佩服他人的。

講人類歷史共同演進的方法，就得用歷史，用科學的歸納法。

最古的中國社會非原始共產主義社會。應稱為氏族社會。氏族社會的經濟以農業開始。世界文化的開始莫不如此。

歷史可分通史、斷代史、專門史。經濟史屬專史，如欲學習中國經濟史，最好先能了解經濟與歷史之知識。

▪

歷史注重以史學之觀點方法，作材料之鑒別考訂。如研究井田制，先應鑒別是否古代有此制，是否可信。第二步，即要作出史學之解釋，並加以評判：井田制如何產生、影響如何、何以不能繼續於今日、井田制在當時之時代意義為何。此即是史學。

▪

講經濟史須具備兩條件：一、鑒別的方法；二、解釋其意義及評判其價值。學歷史前應先了解其他社會科學。研究人文科學是根據歷史材料。中國經濟史長達二千年，歷史演進之記載極詳，西洋僅數百年而已。

▪

過去我國學者研究歷史之缺點為：

一、史學與經學不兼通。

二、用西洋歷史模式結論套入中國歷史中。如西洋有羅馬奴隸社會，但中國沒有。又我國之皇位為世襲，傳其子孫；羅馬則不然。英國則可傳女兒。故中西歷史大相逕庭，我國之歷史實應讓西方人作參考。

農業經濟類

研究農業經濟可分三項目：

一、生產的經濟：就經濟價值言，如種稻、種玉蜀黍等；如各地同類糧食之價格不同。

二、農村的經濟：中國農村經濟活動場合中之地位與西洋農村地位不同。中國各地之農村經濟活動亦各不相同。如上海四周之農村經濟活動與湖南省的農村經濟活動不同。又如廣東番禺一縣城自秦迄今，已歷二千年，從未變動；但就農業經濟生產物的價格講，則番禺迭有變動。蘇州自春秋迄今亦未變更。城市附近，必有農村，二者之間有密切經濟關係，應同時討論。

今日我國之城市既非西洋之城市，亦非古封建之堡壘，與西方封建社會模式有所不同。故我國之農村與城市之關係亦與西洋不同。

三、農民的經濟：講及農民實際的生活，西方農民是奴隸；我國則為佃農與自耕農。論農民之地位，中西亦不同；至於生產物價格，則中西略同。

我國文化是大陸文化，而非海洋文化；是村落的，而非都市的。（希臘、埃及之文化其重點在都市。）埃及、巴比倫是平原文化；我國則為高地（陵谷）文化，亦非河流文化。

世界四大文明古國：埃及、巴比倫、印度與中國（也有加上墨西哥者）。此四大文明發源地均自農業始。埃及有尼羅河；巴比倫有兩河；印度有恒河；中國有黃河，因農業發展靠水利灌溉。但中國與其他三國情況不同。

中國農業發展並非單靠一條黃河。埃及、巴比倫、印度三國均處於熱帶或亞熱帶，但中國則氣候不同。再就面積言，埃及、巴比倫小；印度較大，但單純；中國則幅員廣大，氣候土壤等亦南北不同。

中國古代北方之農作物並非種稻麥開始。向來所謂五穀者，即黍稷稻粱麥，再加上豆，則稱六穀；合黍、稷、稻、麥、粱、大小豆、麻與菇，則稱九穀。但中國最早之農作物則為黍與稷。

．

吾人當根據歷史研究中國最早之農作物。黍與稷為中國北方最早之農作物，《詩經》中即已提到。甲骨文中提及「黍」字最多，商代占卜常言及收成好壞，甲骨文中多見「求黍」及「求黍年」等字句。但未見有「求麥」、「求稻」。因黍賤易種，為商人之農業主要作物。稻麥為貴品種而較難生長。故商朝求豐年只求黍，《詩經》中提及「黍」、「稷」兩字很多，可資證明。

．

古代農業發明者有「后稷」與「神農」，「后」即上帝之意，「后」與「神」均為形容詞。神農姓姜，后稷姓姬，此兩人均在中國西部，何以不稱「后稻」、「后麥」，而稱「后稷」，蓋中國最早之農作物為稷也。

．

甲骨文為盤庚後之文物，為可靠史料。但后稷之史料藉傳說而來，乃由推想而得，但並不一定不可靠。

黍稷有共同之性格，即均為高地農作物。鄭玄曰：「高田宜黍稷，下田宜稻麥。」今日北方以種麥為主，種麥處即種稻處；南方以種稻為主，種稻處即種麥處。而稻麥需要水分多，故種於「下田」；黍稷需要水分少，故適宜種於「高田」。此亦證明我國當時有高地農作物，亦有低地的。

▪

我國五穀之一曰「稷」（稷為高粱之古名），「后稷氏」者，「后」為尊極之意。而不稱「后稻」、「后麥」，可見當時最重要的農作物是「稷」。今山西省有「稷山」；「歷山」亦在山西。稷為高地旱性植物。我國古代農業是偏於高地旱性作物。所以我國古代文化起於丘陵，起於高地，而非起於平原。故稱大陸文化，而非海洋文化。

▪

所謂五穀，即稻、黍、稷、麥、菽（菽是大豆）；普通說農作物為黍稷稻粱。清程瑤田[31]作《九穀考》，曰：「稷者，今稱高粱」。此處所稱之粱，即今之小米；黍即北方之黃米。

我國古代農作物卻由高地開始，是先種（多種）高粱、黃米（即黍稷），而非先種稻麥。《詩經》云：「黍稷稻粱，農夫之慶」。其意乃黍稷在先也。

《詩經．七月》中，周公述說中國古代農業經濟及農村農民之生活狀況甚詳。此詩雖無說明先種植何種作物，不過可自其下種之日期看出，高粱是在古曆正月下種。稷可稱五穀之長。此詩中說明：春天為蠶桑之時（插秧期）；夏天盛產瓜茹蔬菜；對於稻，只提了一句說：「十月獲稻，為此春酒」。此是早稻，且僅是種少量作釀酒用。酒在古時僅供老人飲用。此詩述說農事極詳，卻不提及種稻之法。

《詩經》、《禮記》及《管子》等書所記載，均可證明春秋以前，我國人民主要在山陂陵阪地區種植黍稷等旱地作物。另一證明，古代敬神是取黍稷，因古代人民尊重高粱、黃米，含有重視黍稷過於稻粱之意。

古代有兩種盛載祭物之盛器。一曰簋（音貴，內圓形），為當時第一等盛器；一曰簠（音富，內方形），為第二等盛器，但當時祭神以簋盛放黍稷，以示尊敬；稻粱卻放於第二等盛器的簠中。

古代祭神，水為最尊貴，酒次之。亦從而可見中國古代農作物是黍稷始。

▪

晉人束晳《補亡詩》云：「黍華陵巔，麥秀丘中。」陵即山地，丘陵也。說明黍開花於山上。四方高中央低者為丘，長江流域的山上有田，可種稻。但在陝西的山上則種麥。此說明了我國農作物有高地與低地兩種。而古代多為高地山上之農作物，是旱地作物。

▪

《淮南子》記載：「堯之治天下也，其尊萬民，澤皐織網，陵阪耕田。」澤皐是水澤岸邊。陵者，大阜，山無石者，土地高者曰阜。「阪」或作「岅」或「坂」，《詩．小雅．正月》云：「瞻彼阪田」。阪田為崎嶇墝埆之處。此處說明在平原之湖泊地區捉魚；在山陂之處耕田，可稱陵阪文化。淮南子為今安徽省人，知古代人民在低地捉魚，在高地種田，可知他懂歷史。

我國古代農作物非用河水灌溉，乃旱性之高地作物。如「神農氏」又名「烈山」，「烈山」兩字之意義即將山坡上之草木用火燒毀用作肥料，然後下種。可見耕種之地在山上，是山耕，並非用水利灌溉。山耕。

我國古代山耕之又一證明 —— 史載：「舜耕歷山」（歷通厲），亦是山耕。

《禮記》中載有旱稻，即〈內則篇〉所記「陸稻」。

《管子》書中記有「陵稻」。陵稻即栽種於山陂高地之稻[32]。

《吳越春秋》云：「堯遭洪水，聘棄（即后稷）使民山居，隨地造區。」此處所謂「山居」，是命人民住山上種田。古代高地上種的當是黍稷，而非低地的稻麥作物。

《易經》云：「上古穴居而野處。」《禮記．禮運篇》云：「昔者先王未有宮室，冬則居營窟，夏則居橧巢」。窟者穴也。營者指一個個散佈於高地之窟窿。今日的太行山區仍可見在半山地帶有此類穴居。此類穴居並非在平地挖洞，乃在乾燥的山地上挖洞。

▪

公劉之詩云：「陶復陶穴」。陶即挖空。在山上挖穴而居，亦即居於山地。山居與山耕同時。中國此時期之文化，可稱為「黍稷文化」，亦可稱為「陵阪文化」。

▪

推想中，中國古代農業，決無水利工程。在古代典籍中可找到證據，證明古代先民耕種與居住均在高地。

▪

《孟子》中記載：「當堯之時水逆行，氾濫於中國，龍蛇居之，民無所定，上者為巢，下者為營窟。」營窟者，環形之山洞也。今日河南省仍有可見。人居住山洞內，可證明耕地亦在山上。

▪

中國的文化發源地，最初並不在黃河兩旁。而是在其支流渭水、涇水、汾水與洛水一帶。但這已是後期。因中國最古之文化並非在水邊；亦非在平原；而是在高原上。故並無西方人所謂在搖籃中孕育出來的文化；亦非如埃及、巴比倫一般在暖房中培育出來的花；中國文化乃是在山地上經過日曬雨淋，培育出來的並非花，而是松柏。即使是花，也是梅菊之類。

春秋以後，一般仍以高粱為主要糧食。《論語》云：「飯疏食。」疏，即麤，粗也。意即吃高粱之粗飯。此點亦有考證。《禮記．玉藻篇》云：「稷食」。意以高粱為主食。《左傳》曰：「粱則無矣！麤則有之。」粱指小米，麤指高粱。

孔子所言：「衣夫錦，食夫稻」。說明天子當時以稻米為主食，生活已很講究。

《戰國策》云：「東周欲為稻，西周不下水」。於是東周人有改種麥者，因為缺水之故。此乃時代環境造成栽種作物之不同，故農業經濟狀況亦因之而異。

我國古代農作物之分期：第一時期為黍稷時期。此乃指西周以前；自春秋至戰國，主要之農作物已漸由黍稷而為粟麥，可稱為粟麥時期。至最後，則為稻米時期矣。

世界上最難學與最難教的歷史厥為中國史。此乃由於中國歷史之年代綿長，卷帙浩繁之故。

·

世界上最不懂自己國家歷史的人，當為我們中國人。中國人之所以不知愛中國，亦因不認識中國歷史之故。

·

講歷史要分期，但不能嚴格分期。西方人將歷史分為上古、中古及近代三期；但中國史則不能如此分。秦以前固然可稱為上古，但中國史時間長，如完全按照西洋史來分期，則並不妥當。

·

普通吾人講歷史以有歷史記載為根據。但近代因發掘地下層而新添地質學、生物學與人類學等諸門學問，因此而有史前史。再而有天文學，此等學科均為吾人今日學歷史必須具備之知識。

在有文字記載以前之歷史稱為史前史。史前史乃靠發掘地下所得的器物（用具）來推想古代人民的生活文化。此即古人的歷史，亦即田野的歷史。

一般來說，石器時期乃無文字之時期。此一時期又可先後分為舊石器時期與新石器時期。所謂新石器時期，粗略言之，即當時人所用之石器已較舊石器時代的光滑與銳利。

由新石器時期進至銅器時期，此一時期，已有文字。再而進至鐵器時期。鐵之發現在銅之後。再進而有電器時期，又進而為原子能時期。用原子能是今日人類歷史之新觀點。

有說黃帝時史官倉頡發明文字。此說實非全對。古代一事物，欲肯定其在何時由何人發明實甚難。此乃積累許多時期許多先賢合而創成之故。

所謂「傳說的歷史」，乃是指無文字以前，靠記憶用口口相傳。將上古時所發生之大事一代一代往下傳。亦稱「口口相傳」。可能在傳說中羼進神話之成分。因此，各種傳說，部分不真，並非信史，只是「傳疑的時代」。

■

講歷史，可以根據史前史、考古學來講。但神話亦並非全部靠不住。出於口講的話並非一定有證據，但亦可能是真，故傳說亦有可靠者。例如諸葛亮借東風是神話，但赤壁之戰是真事。

■

近年來我國講史前史喜根據古器物來講。喜講田野發掘，但無人講傳說，講神話，但傳說實亦有可信者。

■

有文字記載前的歷史是傳說，是神話；從古器物再進入有文字時期，亦為另一種講法。但將古器物與傳說、神話加以契合貫通，則至今仍無人去做此步工夫。

■

歷史可分有文字記載以前之歷史與有文字記載以後之歷史。前者包括「追記」與「口說」以及古器物與地下發掘所得之文物。

我國有兩次極重大之地下發掘所得。其一厥為「殷墟」之商代古文字——甲骨文，是以商代已有信史。故一般來說，商代以前非「信史」。然余意「傳說」與「神話」之可信者，當有十之六、七，並非全不可信。

殷墟為銅器時代，掘得甲骨文後，已正式有了歷史；商代以前的則為史前史。這是一派說法。然余意「傳說」的「追記」歷史仍有可信之處。將上述兩種意見加以滙通則有待吾人今後之努力。

殷墟所掘出之甲骨文，當時稱「契文」。亦稱「殷墟文字」；或稱「龜甲文」；後經研究，此種文字是商代帝王貞卜吉凶所用，故亦可稱「貞卜文字」。

河南安陽縣西北五里處有小屯村，在洹水之南。〈項羽本紀〉有云：「洹水南殷墟」。述說項羽曾渡到洹水之南。「墟」即古人所居之處，今已成空墟。

商代盤庚建都在黃河以北，已是商之下半期。有人主張盤庚前無歷史，此說亦不通。

郭沫若[33]在日本時已研究甲骨文；但近代研究甲骨文最有貢獻者，當推王國維[34]。郭氏曾寫《中國古代社會》一書，說商代是遊牧社會，此說非是。

殷墟甲骨文字中已發現有「黍」、「粟」、「穡」、「疇」、「田」、「禾」、「米」、「麥」等字，可見當時已有農業；且又有「絲」、「帛」、「圃」等字，可見該時農業之發達；又有「車」、「舟」、「宮」、「室」等字，可以想見當時人民之生活，已顯非遊牧社會矣。

殷墟發現之甲骨已逾十萬片，字數已達四五千。決非一個短時期內所能創造出來，乃先人積累發明改進增添而成。故吾意夏代當已有文字。由夏至商歷時四百年，而文字之進化至少亦需四百年，故推測夏代已有文字。

要將文字刻在龜殼或牛骨上，必須用極堅硬鋒利之金屬刀。可見商時冶鑛之學已發達。當時如我中華民族文化不高，便無法製造出此種利刀。由上古到甲骨文字之製成，其間一段歷史已很悠久，當可想見。

近人郭沫若見殷墟甲骨上刻有捉狼捉鹿等文字記載，以為當時是遊牧社會之打獵。殊不知此乃當時帝王之高等娛樂。郭氏據此論定該時期為遊牧社會，實大謬誤。

我國最早刻於石碑上的字是李斯時的篆文；最古刻於銅器上的字是鐘鼎文；更最古的是已有三千餘年歷史的商代甲骨文。甲骨文是商代帝王用來占卜之用，與《史記．殷本紀》所記契合。過去對甲骨文最有研究者，當推王國維。

■ 王國維先生作〈古史新證〉一篇，證明「夏禹」在鐘鼎文中已有。因而否定了顧頡剛先生所著的《古史辨》。

■ 吾人謂中國之老祖宗為黃帝，並非謂黃帝之前無中國人，乃因黃帝以前之人不值得提也。

■ 黃帝究是舊石器抑新石器時代之人，今日亦很難加以考證。

■ 吾人講古代史，當依據兩種途徑：一為記載之文字；一為遺留之器物。不過追記「傳說」與「神話」者，不可全信，但亦不可全不信；至於器物雖可信，但亦不能全信。因吾人不能十分確定該器物出於何一年代。根據一器物而推測其他事物者，固不可不信，但亦不可全信。故最好能將上述兩種材料配合運用來講，不可抹煞其他一種。

《史記．殷本紀》與殷墟甲骨文字所記相符合，可滙通。龜甲文之有大價值，即藉此古文物，可用來證實古人用文字記載之歷史如《史記》等為真。余意：既然〈殷本紀〉可信，則〈夏本紀〉亦連帶可信。同時，歷史上稱夏、商、周三代，《尚書．周書》中有周公之文，周公講商代，亦同時講夏代，故〈夏本紀〉亦應連帶可信。

《楚辭》中之〈天問〉，以及〈山海經〉，向來國人皆當作神話看。但自殷墟龜甲文掘出後，證明〈天問〉與〈山海經〉亦有可信之處。《史記》更為可信，既然〈殷本紀〉可信，〈夏本紀〉自亦可信。故殷墟文字之掘得，更加使吾人對古代中國史增加信心。

吾人不能單靠古代器物來講中國歷史，猶如不能只靠金字塔來講埃及史。欲研究埃及，必須讀通以埃及文字所記載之埃及史。故研究中國古代史之大方向，亦應該主要靠以中國文字記載之中國典籍。

殷周之際，史籍記載太王有三子。長子泰（太）伯；二子虞仲；三子季（王季）。因口頭傳講者已忘其全姓名，故為信史，乃可信者。

照舊書說法：夏時有一萬國，商時有三千國，與周同是封建時代。此說實太籠統。其實所謂一萬國、三千國者，只是部落。到周代才由部落變成封建。故周代才是封建時代的開始。

■

商紂行暴政，周武王對商宣告並非要滅商，只因暴政有違天意。周於是弔民伐罪，討伐商紂，以慰問民眾。而推翻商紂後，周仍封紂子武庚於安陽。此種寬大精神，乃中華民族文化所獨有，為歐洲人所無者。

■

周有八百年天下。周武王時第一次封建；周公時第二次封建。周公封宗戚，又興滅國，繼絕世。如封夏之子孫於杞；封舜之子孫於陳；諸凡古代帝王子孫均給封。周以德治天下，並不採用如古代羅馬帝國般的帝國主義手法。中華民族可說是一個和平的民族；一種和平的文化；一部和平的歷史。

■

講道德之人亦可使用手段。如周公封建，即是用手段來完成其道德之目的。美國總統羅斯福手段好，但道德不足。他故意引日本偷襲珍珠港，以便師出有名。故以道德言，則羅斯福不及威爾遜總統。

▪

春秋時代之諸侯受封在平原上。於其上築城兩套。內曰城，外曰郭。以防禦城郭外之人入侵。城圈面積，直徑不過二里，其長度有三里、五里或七里者，此城圈即一小國，居城內者為耕稼之民。以城郭為中心之郊野之直徑為一百里，半徑五十里。封疆以外，即為棄地。國與國（即城圈）之間是未開墾的草地。因當時人口少，此空置之艸地面積約莫有數十方里或一二百方里之大。

▪

中國古代在城圈之封國內之民眾以耕稼為生，是為農民；在城圈外草地之民眾，以遊牧為生，叫遊牧人。故中國古代，耕稼與遊牧同時並存，兩者並非有先後階段。正如香港在市區為一工商業社會，而九龍新界之鄉村則以農耕為生之人一般。

▪

所謂華夏與戎狄，前者以耕稼為生，後者以遊牧為生。大家同是中國人，等於一家人中有兩兄弟，一為教書，一為經商。並不能視華夏為高尚民族，戎狄為野蠻民族。所分別者，乃華夏民族之生活、文化程度較高，戎狄較低而已。周實施封建後，戎狄遂被迫進入山區。

▪

有眼光的歷史學家，決非守舊者，乃是維新者，革命者。

叁　文學方面的粹語

自歸有光[35]而錢牧齋[36]，而黃黎洲，文章一脈相傳，惜未有人講及。

▪

顧亭林[37]之散文在中國文學史上可佔甚高地位。顧氏不主摹做古人文章，但不反對向古人學習。蓋學習與摹倣有別。

▪

為文當有只寫一條或一小段之本領。細看《日知錄》、《東塾讀書記》等可悟。

▪

寫文章之大本領非在寫出部分，而在其未寫之處。其巧妙即在不可將欲言者全部說出；與題旨無關者更當擱置勿闌及。

▪

八股文巧妙處，在能扣準題目，正反均不離題；桐城派古文最大巧妙亦在此。

▪

八股文有一特重之點，即全文均須切題，一字不可支蔓；世有蔑視桐城派文者，以歸有光、方苞[38]均為八股文名家故也。近人如章太炎[39]最不屑桐城文，然其晚年主張為文須學桐城。因桐城派古文，凡作一題，必能扼要深入題旨，卻無支蔓之病。

▪

作文當善為剪裁，只說一題旨中心。如歐陽修寫《唐書藝文志》序，全文中心僅得一句。

肆　為學與做人粹語

吾人為學，如欲滙通中西，實無急切之法。其唯一之法，厥為先讀通中國書，再讀西方書，始能真了解，真滙通。

・

大史學家亦可通哲學，反之亦然，不可界限太清楚。

・

開始學寫論文，不可太簡要，當詳細考訂辯論。

・

研究《詩經》當用朱子《詩集傳》及《朱子語類》。

・

初學寫論文，題目宜小，且不可牽涉太廣。

・

寫論文當兼重義理與考據。

・

做學問必須知有一條路，此路乃為康有為所破壞，康氏不講義理，而講經學。講經學，又是純為發表己見。吾人不可走康氏此路，而仍當講義理。

▪

凡一著作，其序與凡例極重要，當先注意。

▪

古人做學問，乃將思想與歷史混在一起籠統來說，今人則為之分清界限，此亦可說為今人比古人進步處。

▪

任何學問，均須考據，然於微言大義，學術源流及正變得失之三者，實為首當注意之事。

▪

今日當重通才教育，宜教學者多讀書。寫論文只是一種寫作之訓練，而做學問則不宜專重此點。

▪

寫學術論文，切忌浮詞。

▪

學者所亟需，乃為先事多讀傳統性之大著作。

陳澧蘭甫[40]嘗云：「儒者著書，眼光須及上下數百年。」陳氏最服膺顧亭林，故能有此語。

余年輕時，尚不能全了解陳澧蘭甫之為學精神。惟服膺曾文正公論讀書須從頭到尾逐部讀完之說。即如讀《船山遺書》、《朱子語類》大部書，均無一字遺漏。

初做學問，當先以別人之學問為主。如此始有傳統師承。

義理之學之價值遠在考據之學之上，然求義理亦不能廢考據。

講義理之學，各有各的講法；有程朱亦可有陸王；即一師之下，其從學者，亦可各有不同。如求見解之一致性，則義理不如史學；史學又不如訓詁考據之學易得一致。

今人稱博士為洋八股，其實，博士不即是學者。如中進士，做翰林，亦非一定是學者。

學問中有士大夫之學，可對社會人生有貢獻；又一為博士之學，只在大學任教或寫書，此為一專門之學，其貢獻乃是間接的。

學問似有兩途徑入：有憑空盤旋而入者；有得古人一語勤加鑽研深究而入者。

孔子之道，人人均可學；可有異同，然卻不可有門户。

余自動做學問無師授，引我入門者，乃自讀韓（愈）歐（陽修）文始。

清儒姚鼐惜抱[41]、戴震東原均主張義理、考據、辭章，三者不可偏廢。此意甚是。余意講義理，亦不可撇棄考據。孔子嘗謂《周禮》吾能知之，《殷禮》則文獻不足。可見孔子亦講考據。陽明作《朱子晚年定論》，亦是考據，只所考疏略而已。故余謂考據之學不能無義理，義理之學不能無考據。又當諷誦文章，為學庶不致多有偏倚。

▪

做學問當熟讀典籍，能背誦更佳。憶在抗戰期間，曾在重慶與徐炳昌[43]先生同室而住，閒談間彼能背誦王船山[44]《讀通鑑論》，余甚詫異。因彼為留法學生，詢之，知其乃少年時所熟讀。又有某友曾來燕京大學相訪，談次，彼能背誦《左傳》，皆朋輩中稀有也。

▪

做學問固有不同之門户，不同之研究領域。然決不可有門户之見。苟有門户之見，便易輕視甚或排擊對方。研究各種學問，固有不同之門路；然各種學問仍可相通。如史學可與哲學通，哲學可與文學通，文史哲可互通共濟。吾人固不否認今日研究學問各有不同之領域與門路，然若固執以為互不相通，則成為陋儒之見矣。

▪

諸君如能詳讀《史記》、《漢書》，便能知余所著《秦漢史》如何取材，如何寫法，能將三書參互並讀，便可知寫史之法。

做學問須有良師啟導，益友切磋，無師友乃人生一大苦事。

陳澧蘭甫謂為學可以有宗主，但不可有門户之見；世有所謂截斷眾流之説。如謂堯、舜、禹、湯、文、武、周、公、孔、孟之道，迨孟子之死而不得其傳。今世持此單傳之淺見者，比比皆是。余喜前者而惡後説，蓋狹隘門户陋見，非儒者為學之態度也。

人須立志，志愈高，則其生活必愈嚴肅清苦。此種嚴肅清苦必可培育爾成才。

余平日喜讀古人年譜。猶憶余所看第一本年譜乃為錢竹汀[45]之自著年譜。其學問著作均在四十以後，此則大堪激勵。

做學問須尋路脈，有師承。學者如自進修陳蘭甫、章實齋、顏習齋[46]諸儒之書，再循此上溯，始不為嫥嫥於考據之業者所拘。

▪

孔子論學問，約之可有三途徑：一為歷史文獻之學，子夏子游是也；一為政治之學，此即行道淑世之學，子路子貢是也；一為修己立身之學，此即傳道待後之學，顏淵閔子騫是也。唐宋八家雖主文章，然其所抱修齊治平之道，亦已均在其中，實不出上述孔子之三途。初學讀古經籍，不如先讀姚鼐《古文辭類纂》較易得益。

▪

今人研究學術，考據必不可少。且當知今人為學，考證已超清人之上，此點亦當注意。

▪

做學問有兩大分野：一為從學不從人；一為從人不從學。兩者之間仍有東西文化[47]之分別。今日研究學問分類已細，但仍當有人來寫一部大的世界人類學術史。將來的大學者，必取精用宏，走向做大學問之道。

▪

學歷史者，當兼能著史、考史及評史。

中國人講道理簡單，講方法則不簡單。西方人反是。

今人讀書，不可不求甚解。蓋其目的乃在做一經師。

學理學當能做人，學史學當能寫史。

靈感與詩意，有時於研究歷史亦大有幫助。

做學問猶如經商。須謹慎，不邁大步，不使虧本。遇有機緣，亦可發財。人生最佳之訓練莫如做學問，人生最大之野心即在做學問。

孔子所謂「士」，乃有理想而能肩負道義之人；且不以惡衣惡食為恥。故云：「士志於道，而恥惡衣惡食者，未足與議也。」

學者當虛心服善，尤不可文人相輕。尤以人文學者，更當虛心，更當服善。切不可以學閥自居。做學問已達某一境界者，當抱老子所謂「知我者稀，斯我貴矣」之態度。亦即孔子所謂「知我者其天乎」之意。

▪

學者當抱「無我」、「忘我」之精神。宋儒張橫渠云：「為天地立心，為生民立命，為往聖繼絕學，為萬世開太平。」卻並不曾為己。孔子云：「士須尚志，所志亦決不為己」。須將自己丟在一旁。學問所以為公，如無此心，便不可做學問。昌黎所謂「居若迷，行若亡」。為學如有此精神，斯為至矣。

▪

做學問可訓練學做人。如做人功夫不夠，做學問則不易有成。總之，先須學做人。德性到達某一階段，學問亦可到達某一階段。服善，虛心，積累及去除功利觀念，均為培養德性之要項。

▪

做學問成敗之關鍵，最後決定於德性。為學不可心胸狹窄，亦不可有暴躁之感情。

德性之學乃人文與自然二者之間之綜合學問。此種綜合學問，可自「人與學」中悟得。

▪

人如埋首為學，須有自信；更須有忘我之虛心精神。然後始可安身立命。

▪

為學着重積累功夫，不可自欺，不尚空論，亦不當跨大步。馬克思學説所以不合時用，即在不切實際，愛跨大步。

▪

伍　人物點評粹語

韓愈[48]主以文明道；章實齋主以史明道。

昔日讀李慈銘[49]日記，見李氏每購一書，當晚即可作一書評錄入其日記中。此種讀書似有一毛病。例如購得七家《後漢書》，即將之與范蔚宗《後漢書》一比，未曾閱畢全卷，只對着一些處，便可匆匆寫下筆記。雖貌似博雅，實不能獲得學術之大體。

余於清儒，頗不欣賞龔定庵[50]、康有為[51]；而喜章實齋、陳蘭甫。

余於清代學者，最所欣賞者，厥為顧亭林、章實齋、陳澧蘭甫三人。顧氏生於明末，能洞見當時學風之弊，並加挽救；章氏之可貴，在其不專主考據，不追隨當時風氣，而能加以矯正。陳氏指示後人做學問之道，甚見功績。此三人所著如《日知錄》、《文史通義》與《東塾讀書記》，皆不朽之作也。

清初有三大儒，為孫夏峰[52]、李二曲及黃黎洲，三人均為豪傑之士，其中最偉大者，厥為李二曲。

劉蕺山為挽救王學流弊，所論誠意之學極扼要。

余特欣賞章實齋講學術源流。章氏論學，得力自《明儒學案》各篇之序，此為其大史識。

註釋

1 姚際恆：清代仁和人，年少泛覽百家，專究經術，五十歲時成《九經通論》，為時人所嘆服。今只存《詩經通論》一書。

2 陸賈：漢代楚人，有辯才，奉漢高祖命著漢興秦亡之故，成《新語》十二篇。

3 全祖望：清代鄞縣（今寧波）人。為人有氣節，曾修黃宗羲《宋元學案》。

4 王陽明：明代大理學家，浙江餘姚人，字守仁。

5 劉蕺山：清代理學家，浙江紹興人。

6 釋夢華：明代高僧，著《逆言》一書。

7 李二曲：清代著名學者，為最了解王陽明之思想家。

8 王心齋：清代知名學者。

9 郭象：晉河南人，喜好老、莊之言，有《莊子解義》一書，郭與向秀注莊子齊名。

10 王先謙：清代長沙人。同治進士，工古文詞。治經重考證。曾輯刊《續皇清經解》。

11 《莊子纂箋》：新亞書院創辦初期，南通沈燕謀先生常來新亞聽賓四師講學，並為斥資出版《莊子纂箋》，日後錢師璧還款項，該書今已再版多次。（沈燕謀為江蘇人，一九四九年來港，經常聽錢師講課，為新亞書院創校董事兼新亞圖書館館長。）

12 《莊子小傳》：賓四師同年（一九五三年）並撰成《老子小傳》，後輯入《莊老通辨》一書，首篇即為〈中國道家思想之開山大宗師莊周〉，次篇為〈中國古代傳説中之博大真人老聃〉。即莊、老兩小傳，一九五七年由新亞研究所初版印行。

13 盧梭（Rousseau）：法國之著名思想家。

14 向秀：與郭象同時代人，他先於郭象，有《莊子》之註釋，人謂郭注偷竊自向秀。錢師此條有所解釋。史傳向秀注《莊子》，至〈秋水〉、〈至樂〉兩篇未竟而卒。乃由郭象完成之。

15 成玄英：字子實，道士，唐朝陝州（今河南省陝縣）人。其思想融攝道家、佛教。其《莊子疏》為《莊子》重要註疏。

16 陸德明：唐吳縣人、善言明理，成《經典釋文》三十卷，為後世治經者所宗。

17 王懷祖：清高郵人、王念孫，字懷祖，乾隆進士，精於聲音訓詁之學，著《廣雅疏證》等書。

18 王引之：王懷祖之子，清嘉慶進士，通聲音訓詁，成《經義述聞》、《經傳釋詞》等書。

19 俞曲園：俞樾，清德清人，號曲園。道光進士，學宗高郵王氏，曾主講杭州詁經精舍，著有《春在堂全書》五百餘卷。

20 郭慶藩：字孟純，湘陰縣人。曾參與鎮壓太平天國起義，後升任浙江知府，積極支持洋務運動。著有《合校方言》、《莊子集解》、《泊然庵文集》等書。

21 馬其昶：字通伯，清末民初安徽桐城（今城關鎮）人，中國歷史學家。

22 劉知幾：唐彭城人。字子玄，為進士。武后時以鳳閣舍人兼修國史。著有《史通》。為中國言史學者之鼻祖。

23 趙翼：清陽湖人，乾隆進士，精史學，其詩與袁枚齊名。著有《廿二史箚記》、《陔餘叢考》等。

24 李慈銘：清代知名學者。

25 呂思勉：當代歷史學家，錢穆師少年時代曾就讀於江蘇常州中學，呂氏時執教於該校，後錢師成《國史大綱》，請其一校，目的請其雅正也。

26 繆鳳林：當代歷史學家，錢穆師自稱，其所著《國史大綱》，繆鳳林先生曾指出其多處疏誤，再版時逐一訂正。

27 湯恩比（Arnold Tombee）：英國近代歷史學家，亦可謂是近代哲學思想家。

28 賓四師講此節時，正值一九五零年後韓戰結束不久，故有此喻。

29 如有讀者知有此書，則可補足此一缺失矣。

30 《史記．蘇秦列傳》記載六國，乃指燕文侯、趙肅侯、韓宣王、魏襄王、齊宣王及楚威王。

31 程瑤田：清代安徽歙縣人，乾隆舉人。精通經學，著有《通藝錄》。

32 中國之有稻，可能山地之旱性「陵稻」早於低地之「水稻」。

33 郭沫若：當代史學家，曾留學日本。解放後任職於北京人民政府。

34 王國維：清海寧人，字靜安，曾遊學日本。研究文學及古器物學，晚年治殷墟書契文，名震中外。曾任教於清華學校研究院，五十一歲時，以傷心世變，自投頤和園之昆明湖而死，時為一九二七年。

35 歸有光：明崑山人。字熙甫，嘉靖進士。工古文，學者稱震川先生，有《震川集》。

36 錢牧齋：錢謙益，清常熟人。號牧齋，萬曆進士，官至禮部尚書。著有《初學集》及《有學集》。

37 顧亭林：顧炎武，清初崑山人，字寧人，號亭林，著有《日知錄》、《天下郡國利病書》等數十種。

38 方苞：清桐城人，為桐城派繼戴南山之後之古文大家。

39 章太炎：當代國學大師，清末浙江餘姚人，魯迅為其弟子。

40 陳蘭甫：陳澧，清番禺人，字蘭甫，道光舉人。博學而無所不研習。著有《漢儒通義》及《東塾讀書記》等書。

41 姚鼐：清桐城人，字惜抱，為桐城派古文家四大巨頭之一。（其次序為：戴南山、方苞、劉大櫆及姚鼐）蓋錢師做學問乃自研讀韓愈、歐陽修之古文開始，而桐城派則宗尚孔孟及唐宋八家，而《古文辭類纂》中所選唐宋八家文甚多。今人須特加注意者，錢師認為近代《古文觀止》一類古文選集，遠遠不及《姚纂》選文之精美。

42 戴震：字東原，清代著名學者。

43 徐炳昌：上世紀抗日戰爭時期曾在重慶某大學任教。

44 王船山：即王夫之，清初衡陽人，學者稱船山先生。他力闢王陽明良知之說，有《船山遺書》行世。

45 錢大昕：字曉徵，一字辛楣，號竹汀，中國清代史學家，語言學家。江蘇嘉定（今上海嘉定）人。

46 顏元：字易直，又字渾然，號習齋，明末清初思想家、教育家。直隸博野（河北安國縣東北）人。

47 「東西」下有兩字，為賓四師所改，第二字不易辨認，似為「文化」兩字。

48 韓愈：字昌黎，唐代大文豪，文起八代之衰。其古文為清代桐城派所宗奉。

49 李慈銘：字愛伯，號蓴客，浙江省紹興府會稽縣（今紹興）人，五十二歲始中進士，官止於御史。因讀書於越縵堂，稱越縵先生。清末著名詩人。

50 龔定菴：龔自珍，清仁和人，號定菴，道光進士。著有《龔定菴全集》。

51 康有為：清南海人，字廣夏，人稱南海先生，著有《新學偽經考》、《孔子改制考》等書。康氏為當代書法家，與何紹基齊名。

52 孫奇逢：字啟泰，號鐘元。直隸保定府容城縣（今屬河北省）人。明末清初理學大家。萬曆舉人。與李顒、黃宗羲齊名，合稱明末清初三大儒。有《讀易大旨》五卷、《理學宗傳》、《聖學錄》等著，晚年講學於輝縣夏峰村，世稱夏峰先生。

第二部分

錢穆信函遺墨

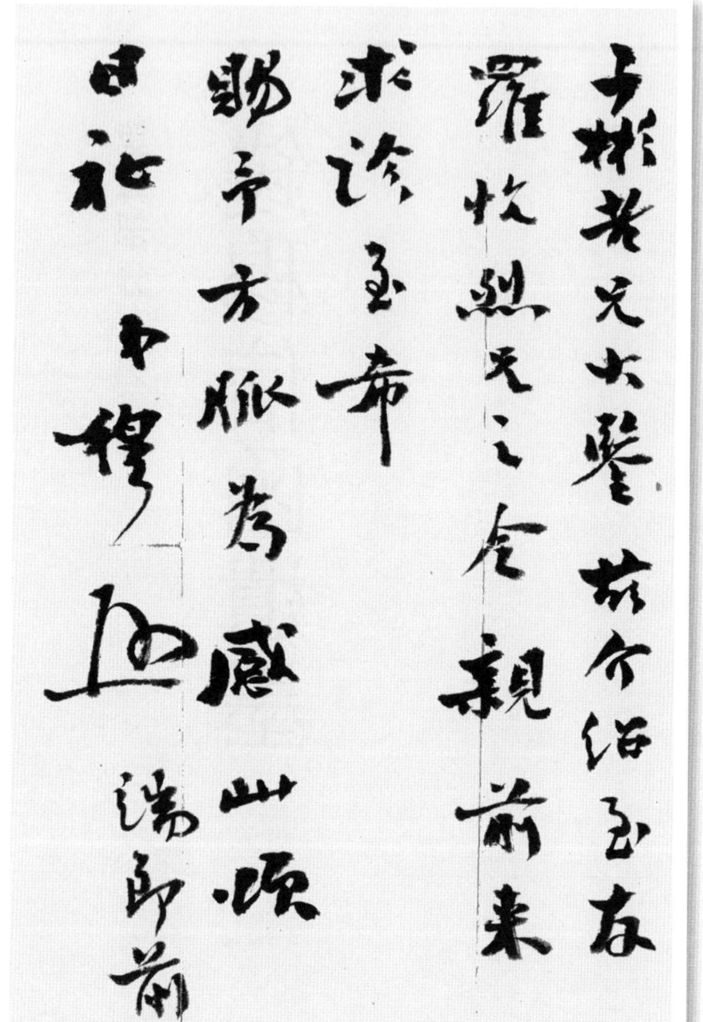
士林老兄大鑒
茲介紹至存
羅牧懇兄之令親前來
求診至希
賜予方脈爲感
此頌
日祉
弟穆上
端節前夕

【謄正】

子彬老兄大鑒：

茲介紹至友羅慷烈兄之令親前來求診，至希賜予方脈為感！此頌

日祉

弟穆啟　端節前夕

【案語】

這是一件十分珍貴的墨寶，涉及現代三位大師的交往。首先，這是錢師的親筆信，是請求當今國醫界費子彬[1]大師為羅慷烈教授的親人治病。費醫生先祖是清末的宮廷御醫，可謂醫學世家。至於羅慷烈教授亦是當今的詞學大師，亦是我的恩師。他受錢穆老師的再三請託，在他的指導下，使我在七十年代順利完成香港大學中文系的碩士學位。由於羅師年近退休，便商請何沛雄教授繼續指導我完成博士學位。錢、羅兩位大師都是我的恩師。按錢、羅兩師及新亞創校董事長趙冰老師（趙師曾教我英文作文兩學年）均同在廣州華僑大學任教，而成知友。羅師在培正中學任教時，何教授正就讀於培正。感謝他慨然允諾作為我的指導教授。至於費醫生，他是

錢穆老師早歲常州中學的老同學，相知莫逆，歷數十年。我在上世紀五十年代初新亞書院就讀哲學教育系時，曾是工讀生。某次替校方送文件到費醫生府上。費公知我患傷風感冒，便自告奮勇賜我方脈，分文不受，服藥兩劑而癒，感恩不盡。

至於這件墨寶，怎麼會來到我手上呢？說來話長。我自離開中大新亞書院中文系的兼任講師及嶺南書院的中文系專任講師兼助理訓導長職位後，於一九七四年秋，由於香港佛教僧伽聯合會的創辦人洗塵法師的賞識，把我安插在他所創辦的劉金龍中學及能仁書院夜間大專部任教，當時妙法寺的《內明》佛學月刊總編輯沈九成先生，在每週末會前往九龍油麻地彌敦道上一大廈之中道學會主講佛學，我多數前往聆聽。當時費師母正好住在該大廈會所之上層，每週亦前來聽

一九八零年錢穆（右）與費子彬（中）及蔣君輝（左）攝於台北素書樓。

講。由於費師母早就認識我，並知道我在新亞研究所時錢師指導我寫碩士論文。某次聚會時，費師母便把這件墨寶及費醫生某年赴台北時與錢師江蘇常中的另一位老同學蔣君輝的合照慨贈予我。從佛教來説，是一種結緣。我能獲此珍貴文物，得感謝費師母對後輩的關懷，使我感謝欣慰無已。憶及饒宗頤老師亦曾到會一二次，並有合照。今費公賢伉儷早已往生，錢、費兩師往來函件必多，不知現存何處，所幸錢師此函，言簡意賅，書法又穩健遒勁，筆力萬鈞。可謂錢師遺墨中之珍品。

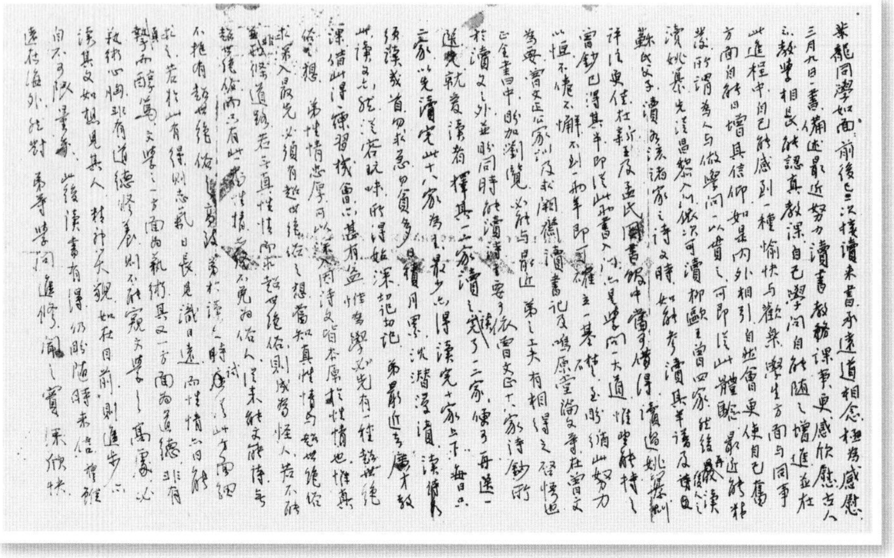

Chien Mu
92 York Square
New Haven Conn.
U. S. A.
NEW HAVEN CONN.
U S POSTAGE
AIR MAIL
10c
Mr. Yeh Lung
Concordia Lutheran School
TAI HANG TUNG.
Kowloon
Hongkong
葉龍先生
AIR LETTER • AÉROGRAMME • PAR AVION
FIRST FOLD
SECOND FOLD

【謄正】

葉龍同學如面：

前後已二次接讀來書，承遠道相念，極為感慰。三月九日一書，備述最近努力讀書教課事，更感欣慰。古人云，教學相長，能認真教課，自己學問自能隨之增進，並在此進程中，自己能感到一種愉快與歡樂，學生方面與同事方面自能日增其信仰，如是內外相引，自然更使自己奮發，所謂為人與做學問一以貫之，可即從此體驗。最近能精讀姚纂，先從昌黎入門，依次可讀柳歐王曾四家，然後再讀蘇氏父子，讀各該諸家之詩文時，如能參讀其年譜及後人之評注更佳。在新亞及孟氏圖書館中當可借得。讀過姚纂，則曾鈔已得其半，即從此兩書入門，亦是學問一大道。惟望能持之以恆，不倦不懈，不到一兩年即可確立一基礎，至盼循此努力為要。《曾文正公家訓》及《求闕齋讀書記》及《鳴原堂論文》等，在《曾文正全書》中，盼加瀏覽，必能與最近弟之工夫有相得之啟悟也。於讀文之外，並盼同時能讀詩，主要可依曾文正《十八家詩鈔》所選，先就愛讀者擇其一二家讀之，讀完了一二家，便可再選一二家，以先讀完此十八家為主。最少亦得讀完十家上下，每日只須讀幾首，勿求急，勿貪多，日積月累，沉潛浸漬，讀詩如此，讀文亦然，從容玩味，所得始深，切記切記。

弟最近去某校教課，借此得一練習機會，亦甚有益，惟為學必先有一種超世絕俗之想，弟性情忠厚，可以深入，因詩文皆本原於性情也。惟其求深入，最先必須有超世絕俗之想。當知真性情與超世絕俗並非兩條道路，若無真性情而求超世絕俗，則成為怪人，若不能超世絕俗，而只有此一番性情，亦終不免為俗人。從來能文能詩，無不抱有超世絕俗之高致，弟於讀文時試從此方面細求之，若於此有得，則志氣日長，見識日遠，而性情亦日能真摯而醇篤。文學之一方面為藝術，其又一方面為道德，非有藝術心胸，非有道德修養，則不能窺文學之高處，必讀其文為想見其人，精神笑貌，如在目前，則進步亦自不可限量矣。此後讀書有得，仍盼隨時來信。穆雖遠在海外，然對弟等學問進修，聞之實深欣快。極盼能在再見面時，弟之氣度心胸學問識趣，能卓然有所樹立，能與前時相敘判若兩人，此非不可能之事。真能潛心向學，自可有此境界，真能覓得道路，則達此境界亦殊非難事，必在自己心中感到有此一境界，則自此向前，始是學問之坦途，真可日新月異，脫胎換骨。如是則真成了一個學者，在己可有無上滿足，而對人亦自可有無上貢獻。此等話決非空言之即是，須自己真修實踐，於痛下工夫後實實體驗，始確知其如此。學詩學文，亦僅有循此道路。今弟正在讀韓（愈）文，細誦其教人為文，何一語非教人做人乎？何一語

非超世絕俗者而能道出乎？學文即是學道，此乃惟一正路也。匆匆即詢

近好

穆白

一九六零年三月廿二日

【案語】

我自一九五九年畢業新亞研究所後，錢師知九龍協同中學要聘我。錢師說：「你去中學教，可得些經驗，而且教學相長，也是好事。將來仍有機會回新亞的。」一九六零年三月初，我在協同任教，知錢師伉儷在美國耶魯大學講學，我便致函老師問安並順告我協同教書及閒時學習的近況，想不到使我喜出望外的獲得錢師逾千字的覆書。老師在百忙中作此長函，信中詳細指導我如何研讀中國文學，不但指導我，而且還教誨我、勉勵我、稱許我，又盼我要有藝術心胸，又要培育道德修養。我有此賢師，一生可以無憾矣。這可以說是錢師給我最重要的一封手札。後輩愛好中國文學的青年朋友，都值得參考，俾便從中獲得啟發和益處。我讀研究所時，我的論文是孟荀教育思想比較，黃開華兄的明代土司制度，李明光兄的先秦寓言研究，由研究所所務會議決定，由錢師指導；牟潤孫教授則指導王俊儒、周卓懷、尚重濂、

趙效宣兄等五六位；唐君毅教授則指導李杜及韓籍朴勝潤君兩位、朴君不久退學[2]。

順筆一提，當時研究所之指導教授，規定每指導一名研究生，可每月發給二百元薪酬。此事可造成指導研究生多寡而月薪有所差異，而每年招生往往是投考文史者多而哲學者少，致使唐君毅教授不滿，而向錢穆所長投訴。此後，錢師遂將指導費取銷。此事由錢師曾向劉百閔教授談及而轉告於我，亦算一軼事。此舉可能於牟潤孫教授有所不悅，惟未有所聞。

葉龍（左一）與錢師一九五九年七月於新亞研究所畢業禮上合照。

葉龍老弟：上月杪一信已到，唱片暫勿付郵與學校查詢，儻有人親攜較方便耳。但非的便，亦勿輕易麻煩他人為要。勿復，即頌
近祺
穆 五月五日

【謄正】

葉龍老弟：

上月杪一信已到。唱片幸勿付郵，恐受檢查；儻有人親攜，較方便耳！但非的便，亦勿輕易麻煩他人為是。匆覆即頌

近祺

穆啟　九月五日

【案語】

此信錢師書於一九六四年辭職新亞後。錢師於一九六七年返台定居，該年暑假我赴台拜謁錢師，談及在香港或深圳可以買到大陸新發行的京劇唱片。老師一向喜好愛聽傳統的京劇戲曲。如梅蘭芳、程硯秋、馬連良、周信芳、金少山、袁世海[3]等諸名家唱腔，向為師所喜愛。於是我準備返港後購買唱片寄台。當時大陸與台北鮮有交往，台北海關檢查頗嚴，一查出是大陸貨，便有「貨充公、人被拘」之虞。因此錢師囑我「幸勿付郵」。

記得我曾某年攜帶少量大陸藥茶赴台以便贈送師友，貨物被海關沒收，所幸人未被拘，還贈以「歡迎下次再來」之美言。記得鄭因伯[4]老師自台大來新亞任中文系主任一年，我曾聽其「中國文學史」。返台時攜帶大陸新書數冊，得撕去封面，換上台灣書封面，偽裝才得以過關云。師又囑咐「勿輕易麻煩他人」，足見十分體諒人。

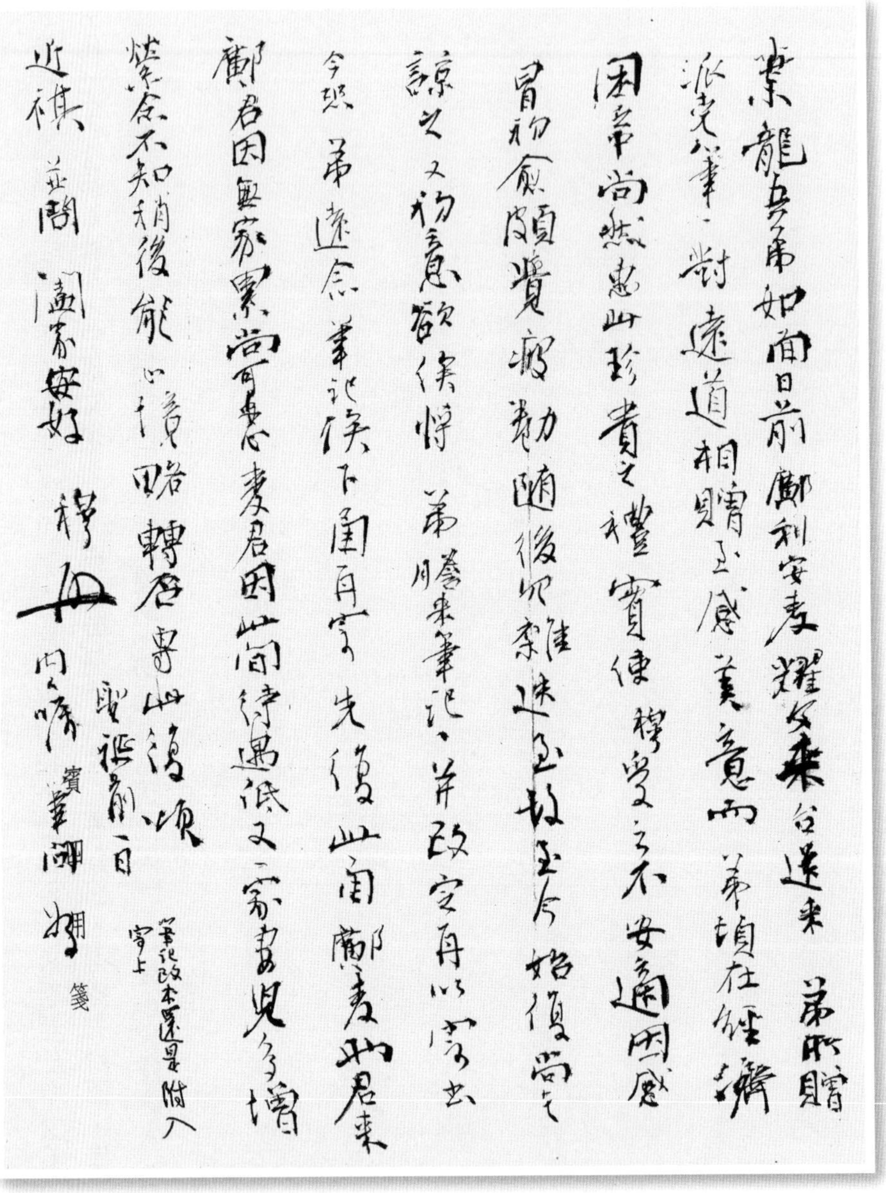

業龍吾弟如面：日前鄺利安、麥耀文來台，送來弟所贈派克筆二對，遠道相贈，至感美意。而弟頃在經濟困窘中，尚然惠此珍貴之禮，實使穆受之不安。適因感冒初愈，頗覺疲勞，隨後仍雜事延至今始復，尚乞諒之。又初意欲俟得弟月寄來筆記，并改定再以寄出，今恐弟遠念，筆記俟下周再寄，先復此函。鄺、麥兩君來，鄺君因無家累，尚可無憂；麥君因此間待遇低，又一家妻兒，多增縈念，不知稍後能以積貯轉居。專此，復頌近祺，並問闔家安好。穆 啟 耶誕前一日

內人囑筆問候 寶眷

筆記改本還是附入寄上

【謄正】

葉龍吾弟如面：

日前鄺利安、麥耀文來台，送來弟所贈派克筆一對，遠道相贈，至感美意，而弟頃在經濟困乏之中，尚然惠此珍貴之禮，實使穆受之不安。適因感冒初癒，頗覺疲倦。隨後冗雜迭至，故至今始覆，尚乞諒之。又初意欲俟將弟謄來筆記一併改定，再以寄出。今恐弟遠念，筆記俟下函再寄，先覆此函。鄺麥兩君來，鄺君因家無累，尚可安心；麥君因此間待遇低，又一家妻兒多增縈念，不知稍後能心境略轉否。專此覆頌

近祺　並問闔家安好

穆啟　聖誕前一日

內人囑筆問好

筆記改本還是附入寄上

【案語】

錢師此函是寫於酈利安、麥耀文兩校友去台北文化學院任教那一年，約為上世紀六十年代，大約是一九六零或六一年，他們兩位均由錢師推薦而成事。同一年錢師還推薦金中樞兄去台南成功大學，三位似都是擔任講師，後來情況頗有改變。記得一九六八年我去台南看望中樞兄，他託我回台北時面懇錢師再設法調他回新亞。錢師聞後心感煩躁不悦。因錢師當時已明知新亞不會聽他的意見。但數年後，錢師感到中樞兄妻兒均在香港，一家兩地分散，有所不便，且那時中樞兄已榮升教授，錢師亦樂意推薦中樞兄再回新亞，不料，果遭新亞拒絕。當時錢師頗有微言，嘆息道：「曾經擔任過十多年的校長，現在連介紹一名小小的講師都被拒絕，況且金中樞是研究宋史卓有成就的校友，真無奈。」至於酈利安兄，他不滿於講師職位，堅欲以副教授上任，張曉峰董事長亦願遷就酈意，惟錢師堅持不能破例，終於酈君以拒聘返港。那麥耀文兄則因台灣大專薪水低，妻兒居港多增縈念。不出錢師所料，一年後便離台移民美國。

錢師介紹三位成績良好的校友赴台任教，其過程都不算順遂。但錢師恐我心存埋怨，我去台北時曾當面委婉解釋所以不推薦我去台北任教的原因，因擔心我兒女多而年幼，有家累。我亦諒解老師的心意，並不介意。但老師經此一役，推薦之心應受影響。可能我有所不知，他老人家仍百薦不疲。不過我某次聽師説過：「一個人自己有學問有能力，自然有人會來請你，何必要人推薦，又何必一定要在自己母校服務呢！」錢師本身就是一個絕好的例子，他青年時期教小學教中學，當他撰寫的論文發表時，北京幾間名大學爭相聘請他。他初受聘於燕京大學，但不習慣該校的洋作風，顧頡剛教授對他說：「你不教燕大，別的大學會來請你的。」果然，後來北京大學聘請他，同時北大當局破例准他兼教三間大學（可能是清華、燕京及師大三校）。接受兼職是因為難以推辭，錢師可絕對不是為了多賺點薪金。當年錢師艱苦創辦新亞時，香港大學中文系林仰山主任曾多次請他去任教，都為他堅拒。而錢師推薦劉百閔教授和羅香林教授作為代替，而不為優職高薪所動。後來林主任請他兼一門課也拒絕了。

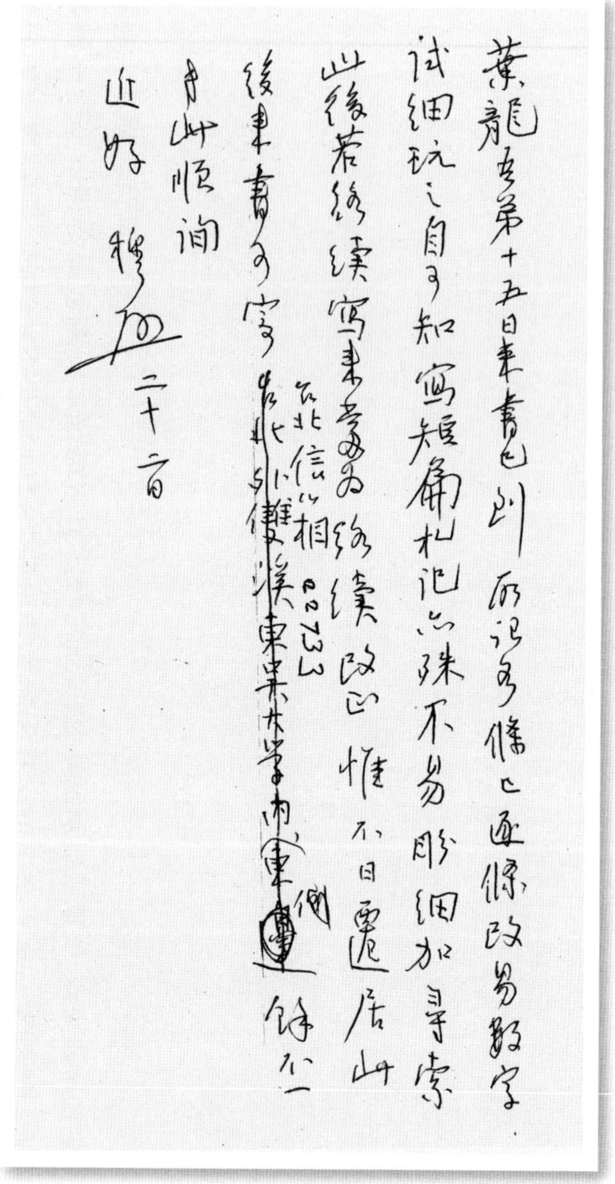

葉龍吾弟：十五日來書已到。所說各條已逐條改易數字，試細玩之，自可知寫短篇札記亦殊不易，能細加尋索，此後若繼續寫來，當為繼續改正。惟不日要還居山，後來書可寄~~台北外雙溪東吳大學內寓邸~~台北信以相昌，餘不一一。手此順詢
近好
穆 二十日

【謄正】

葉龍吾弟：

十五日來書已到，所寄各條已逐條改易數字。試細玩味，自可知寫短篇札記，亦殊不易，盼細加尋索。此後若絡續寫來，當為絡續改正。惟不日遷居，此後來書，可寄台北信箱22733。餘不一，專此順詢

近好

穆啟　二十二日

【案語】

錢師回覆此函已是一九六七年或六八年之時。記得早前我曾在老師歷年講課筆記中，發現老師不少臨時突發的感想語，有的是一時靈感湧出而得的真知灼見，有的則是老師胸中積累多年學術文化方面的結論，都值得把它整理出來，輯成一小冊，時加誦讀，必將有益於治學。但老師恐時隔久遠，不易寫得好。及接此函，知老師已逐條改正我所寄呈的十餘條，並鼓勵我絡續寫去，當為絡續改正，內心深感欣慰。不過老師告之下次通訊之新地址，是改用台北信箱。不過來信原稿，先是寫「台北

外雙溪東吳大學內東側」，老師考慮到恐未能準期遷入外雙溪新居，故改為先用信箱，這又是老師辦事細心和考慮周詳！

錢師自新亞辭職後，曾赴馬來亞吉隆坡一大學，任教八個月，本來該校想請錢師長期擔任高職，但師因水土不服婉拒，最後決定返台定居。文化大學創辦人張其昀曉峰先生聘請他擔任研究所博、碩士班研究生導師，每週末下午學生到師府上聽課；同時，故宮博物院請他每天上午做研究工作，兩處均是每月薄酬一萬元台幣而已。

至於東吳大學內的新居，錢師本來是準備在該校附近購地自建住屋，此事為當時蔣公中正知悉，告之錢師停止購地自建，並命台北市工務局在上址建屋讓師免費居住。此固是佳事；但上世紀六十年代時地價及建築費均廉宜，數十年後的今天，漲價何止百倍。同時，

台北素書樓外貌。

蔣公及經國先生兩任總統病逝後，當時任台北市議員的陳水扁公開宣佈要錢師遷出，歸還屋地給政府。當時台北市民力斥陳水扁無理取鬧，陳氏終於認錯並欲向錢師道歉，為師母嚴詞拒絕，此時錢師已九十六歲高齡，師母不願受氣，決意搬遷並購置杭州街旁一大廈某層自居。此時，新亞校友梁崇儉學長[5]已得台北市吳伯雄市長覆函，謂錢師可續住外雙溪素書樓，但遭師母婉拒。

不久，錢師伉儷入住新居，由於是石屎森林地區，住戶密集，空氣悶熱。錢師日夜吵着要搬回外雙溪，事實上，錢師已不清楚當時實際情況。不過，外雙溪的素書樓並沒有被政府收回，後來改為「錢穆先生紀念館」。不幸的是，錢師入住在新址一個月左右，便與世長辭了，此時正是一九九零年八月三十日。國人失一大師，深感悲痛莫名。回想如無陳水扁的狂勃叫囂，錢師如仍住在空氣清新環境幽靜的東吳大學旁的山坡上。老師肯定多活幾年，是絕對有可能的，真可惜！

「錢穆先生紀念館」的錢穆銅像。

新亞書院

葉龍老弟如晤：此次得獲晤面，見弟神色尚佳，未為過逆所摧抑，深以為喜。盼自求進益，有短當戒，有長當勉。人事時在變易中，惟貴能自有把握，則目前小小得失，縱亦無以限弟之前途也。歸後得弟書，閱悉。前寄筆記稿，久已改過，而忘未付郵，今不知放何處，俟檢出即當寄回，勿念。匆此順詢

近況

穆啓 十五日

【謄正】

葉龍老弟如晤：

此次得獲晤面，見弟神色尚佳，未為遏逆所摧抑，深以為喜。盼自求進益，有短當戒，有長當勉，人事時在變易中，惟貴能自有把握，則目前小小得失終不足以限弟之前途也。歸後得弟書，關於前寄筆記稿，久已改過，而忘未付郵。今不知放何處，俟檢出即當寄回，勿念。匆此順詢

近況

穆啟　十五日

以後來稿請用薄紙單面俾易裝入航空信封內

【案語】

錢師此函當在一九六八年時寄來，惟不知錢師自何處外遊返台北。主要是告知「講學粹語」稿改後忘記付郵，檢出後即當寄回。老師之辦事認真可知。

函中囑「以後來稿請用薄紙單面俾易裝入航空信封內」，此兩行字並非用毛筆寫，而是用原子筆寫在背面。我將之影印後貼在同一面，更見老師為人之細心。

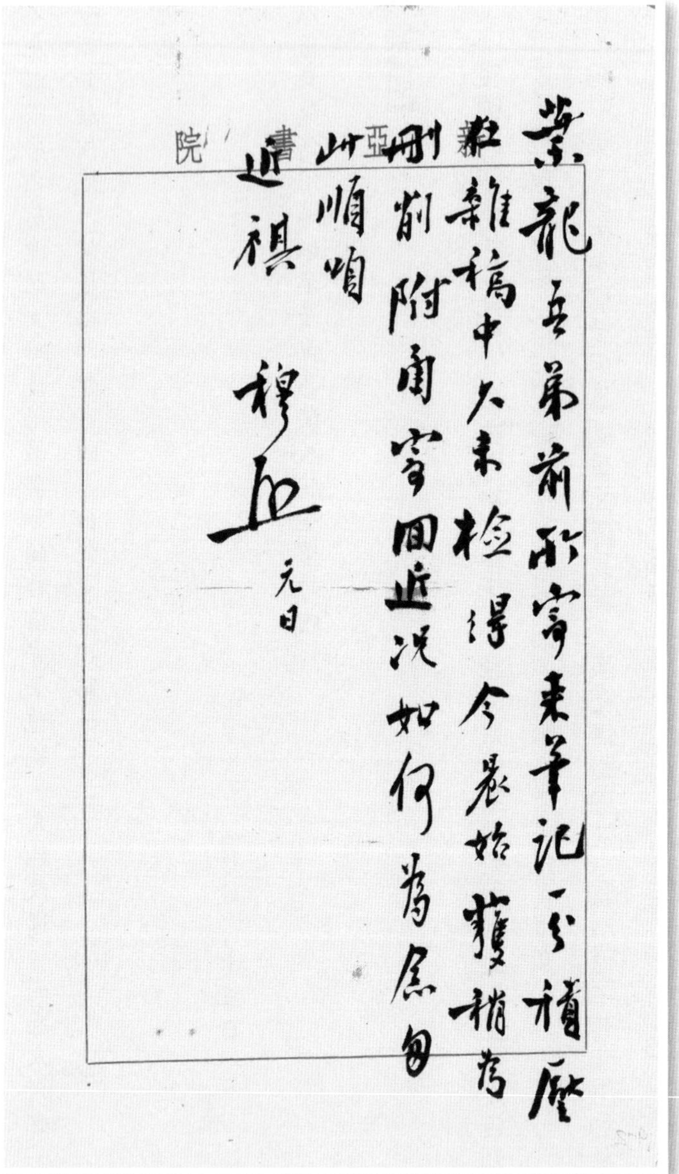

新亞書院

業龍吾弟：前所寄來筆記一分補歷
教雜稿中久未檢得，今晨始獲，稍為
刪削附開寄回，近況如何為念，匆
此順頌
近祺
穆啟 元日

【謄正】

葉龍吾弟：

前所寄來筆記一份，積壓在雜稿中，久未檢得。今晨始獲，稍為刪削，附函寄回，近況如何？為念，匆此順頌

近祺

穆啟　元日

【案語】

錢師此函當是一九六八年前來信告之的「稿久已改過而忘未付郵」的「粹語」稿。（見前信）師在檢出後重看一次，再稍作刪削而寄還予我，足見老師的辦事認真負責。信中還問及我近況如何，老師對我的關懷，更是感念不已。

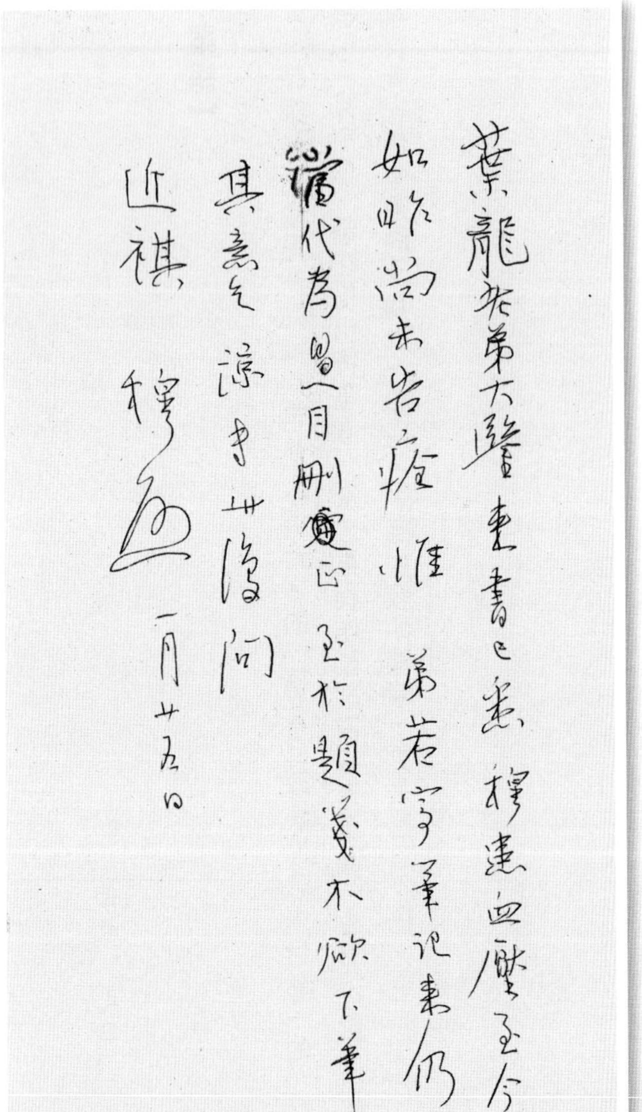

葉龍老弟大鑒 來書已悉 穆患血壓至今
如昨 尚未告痊 惟 弟若寫筆記來仍
當代為過目刪正 至於題籤不欲下筆
其意乞 諒 書此復問
近祺 穆啟 一月廿五日

【謄正】

葉龍老弟大鑒：

來書已悉。穆患血壓，至今如昨，尚未告痊。惟弟若寄筆記來，仍當代為過目刪正。至於題簽，不欲下筆，其意乞諒，專此覆問

近祺

穆啟　一月廿五日

【案語】

錢師此函可能發自一九七一年間。一向知道師患胃疾，今又知師有高血壓症，記得錢師在一九六四年初辭職新亞後，仍隱居沙田和風台一段時間。某日我去看望他，適師母返台北外家，亦不見有傭工服侍，師卧病床上，狀甚痛苦。見我便急囑曰：「你趕快替我去打個電報，請師母速回香港。」終於師母在二十四小時內返港，照顧有人，我亦鬆了一口氣。

至於錢師此函中，仍念念不忘他在病中願意「過目刪正」我陸續寄給他的「講學粹語」，可見錢師為人的認真，並對我寄他的講稿相當重視。師雖歡迎我繼續尋索

講課筆記，但我早前曾建議將來如能編集成書，擬定書名為《錢穆老師講學粹語》，卻遭老師婉拒題簽。此函中師又再次拒絕說：「至於題簽，不欲下筆。」這是錢師為人之謙厚，認為題簽作為書名，乃後輩之事。老師只認為是他的講學札記而已。

老師在歷年講課中，靈感驟發時隨口講出，這些寶貴見解，以後不復重述。我輩青年後學，有心研究國學的，如能循此其中數則粹語，跟進鑽研，必可寫成上佳之論文。這決不是我信口雌黃，且讓我舉例說明之。

當我一九六七年重讀歷史系學位時，曾修讀全漢昇老師[6]「中國經濟史」及「中國近代經濟史」兩門課，全師當時任新亞研究所所長，他是現代中國經濟史權威。我曾為文數千字刊登於台北《中央日報》副刊，介紹全師的學術創見與貢獻。某次我在九龍馬頭圍道巴士站等車，適全師也在等車，我順便問道：「全老師，你上北大時，錢穆老師是否在北大任教？你聽過他的課嗎？」全師答道：「我同錢先生是同一天進北大的。我是新生，錢先生以副教授受聘於北大歷史系。我修讀過錢先生兩門課，『中國通史』和『中國近三百年學術史』。」此時我才恍然大悟，全師講述「中國經濟史」的其中一個重要論點，很可能是從錢師《國史大綱》中提到中國南方與北方經濟不同的那一節受到了啟發，從而深入研究，再加以擴大發揮，並提出自己的發明創見，全師終於成為中國經濟史的權威。

記得一九九零年錢師九十六高齡歸道山那年，一位華裔美籍名教授曾說[7]（大意如此）：「如果我們能細讀錢師的《國史大綱》，必可從中尋索到一百條博士論文的題目。」那麼，「講學粹語」亦是錢師一條條的心血結晶，值得我們後輩參考研讀，不可忽視其價值也。

再舉一例：錢師在粹語中有一則說：「《莊子》一書最難讀。我人如能讀通《莊子》一書，則任何有關經史子集的古籍，便易於讀懂了。」其實「莊子最難讀」一句，說來似容易，但要讀遍很多古籍，才能得出這個結論。讓我們有心向學的，得到一個清晰的指引。

錢師又明確指出，讀《莊子》固然要與讀其他古籍般讀前人的注，錢師特別提出必讀的兩本《莊子注》，就是魏晉人的郭象注及清儒王先謙的《莊子集解》。當然我們也得讀其他的注，那就更好。但郭、王兩位解釋《莊子》，則絕不可少。這無異於我們如在黑夜的大海中航行時，正好前頭有一座燈塔在指引我們，以免做學問走錯方向，浪費光陰與精力。

講到這裏，不得不提到錢師還著有《莊子纂箋》一書。他並未提及叫我們參考，這又是老師的謙虛。記得新亞董事兼圖書館館長的沈燕謀先生曾說：「錢先生的《莊子纂箋》，撰寫時用參考書逾百種（錢師自道是三百種）。他薈萃諸家，網羅群言，且兼顧義理、考據與辭章。闡述莊子，鞭闢入裏。值得一讀。」此書錢師撰述於一九四五年抗日戰爭勝利後，於任教無錫江南大學文學院長時成書，攜稿來港，因阮囊羞澀，未能出版。後由沈燕謀先生於一九五零年代為斥資出版，後來錢師璧還書款。當時文學院的同學，多數人手一冊。讀之益知老師用心之深。

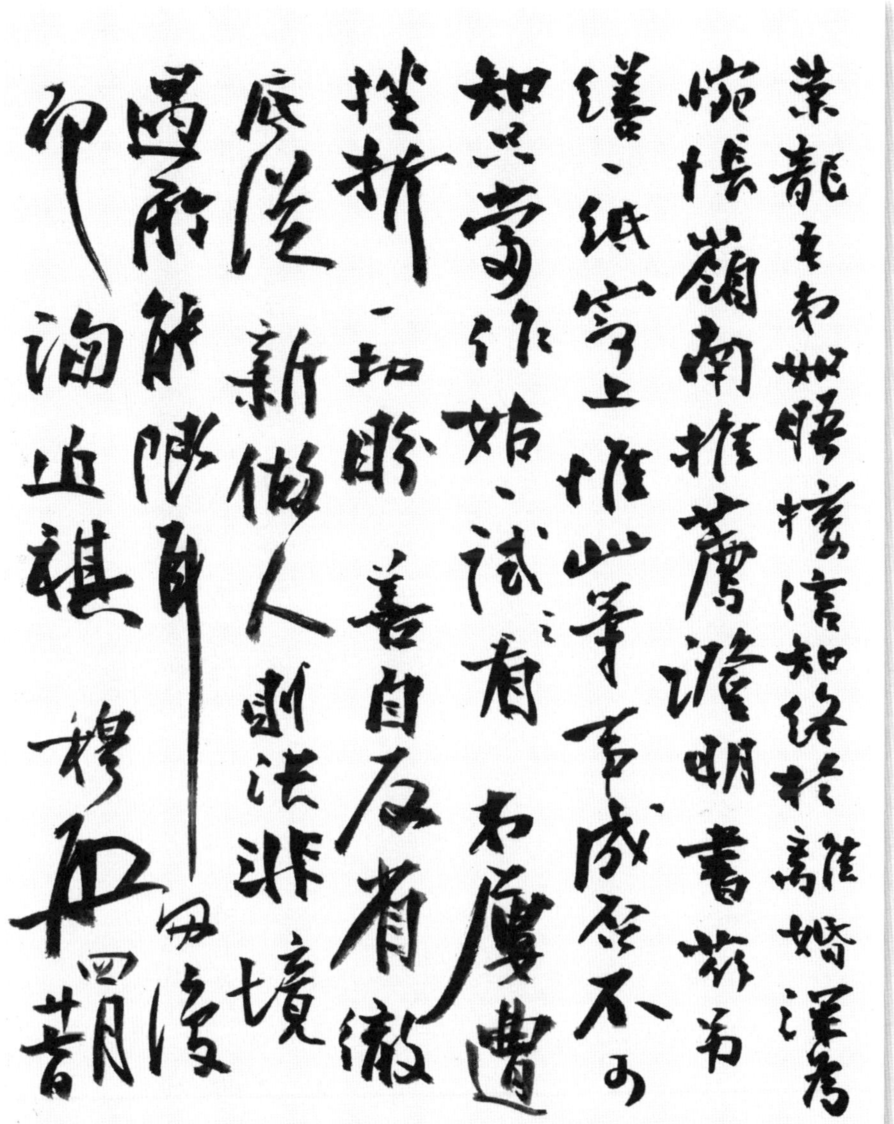

葉龍老弟如晤：接信知終於離婚，深為悵惋。張嶺南推薦錢明書評弟譯，紙寫上推山筆事成否，不可知。只當作始試看，不屢遭挫折。一切聽善自反省，徹底從新做人，則洪非境遇所能限耶。毋復
即詢近祺
穆啓
四月晉

【謄正】

葉龍老弟如晤：

接信知終於離婚，深為惋悵。嶺南推薦證明書，茲另繕一紙寄上。惟此等事，成否不可知，只當作姑一試試看。弟屢遭挫折，一切盼善自反省，徹底從新做人，則決非境遇所能限耳！匆復即詢

近祺

穆啟　四月廿七日

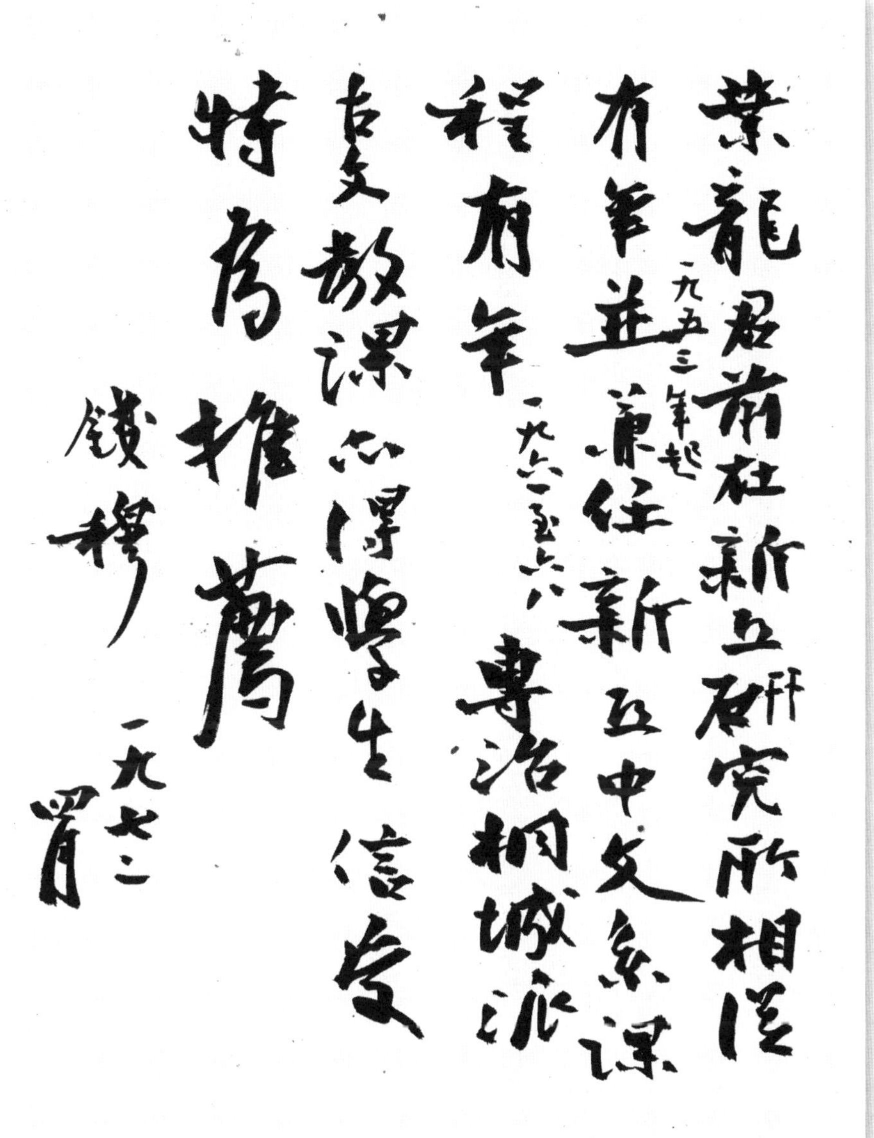

葉龍君前在新亞研究所相從有年（一九五三年起）並兼任新亞中文系課程有年（一九六一至六六）專治桐城派古文，教課心得，學生信愛，特為推薦。

錢穆

一九七二 冒

【謄正】

葉龍君前在新亞研究所相從有年（一九五三年起）並兼任新亞中文系課程有年（一九六一至六八年）專治桐城派古文，教課亦得學生信受，特為推薦。

錢穆　一九七二年四月

【案語】

錢師為我七一年離婚之事深感惋悵。確實我應該深切反省，如果那時期我多一些陪伴家人，少一些去做兼職，是可以維繫一個和諧溫馨家庭的。至於老師提及我的「屢遭挫折」，主要是指一九六八年時，當時吳俊升[8]校長以「削減兼任教師」的名義，把中文系的我與王兆麟[9]兄與藝術系的吳因明[10]三位兼任講師同期解聘了。內情是起因於一九六六年時唐君毅教授沒有讓我重讀中大的碩士學位，而造成的阻滯所致。因唐氏赴美度假，本來由謝幼偉[11]教授以代理哲學系系主任批准我辦好學籍，並為我擬定〈孟子的哲學及其文學〉作為碩士論文題目。亦早在半年前於中大教務處辦妥一切註冊手續。快將完成三門選修課、一門英文必修課及論文時，唐氏返港後竟將我重讀碩士的學籍取消，實在是於法不合於理不妥。當時雖有中大李卓敏校長的勸說協助，亦被拒絕。此事實非我力能控制的意外「挫折」。於是我便在新亞附近新開辦的聖母院書院獲得教職。而兆麟兄則由錢師母胡美琦女士介紹至聖保祿中學任教。兆麟兄轉職可見蘇慶彬兄[12]《七十自傳》中有提及[13]。

記得一九六八年時，我曾投書應徵嶺南書院文史系教職，但未獲回音。

所幸於七二年五月時，我用錢師的上述推薦書，影印了一份，附以履歷表及應徵函，再寄去嶺南一試，竟然事成了。事有湊巧，六十年代中期，胡詠超、蘇慶彬兩位學長在何格恩教授推薦下，早在嶺南文史系任教。但七二年夏，新亞歷史系孫國棟主任邀請蘇慶彬兄去新亞任教，嶺南校監韋基球先生面告蘇兄，應找到一位替身才許離任。於是蘇兄介紹數位友人接替，均不獲韋校監接受。韋先生此時想起了我的應徵信。他對蘇兄説起我的應徵函書法好，想請我接替他。當時，蘇兄十分辛苦才找到我。我正隱居在一間深水埗津小任教，聞此消息，使我一則以喜，一則以憂。喜的是又可回去教大專，此後前程自又不同；憂的是好友招頌恩兄把我從僻遠的大埔沙螺洞小學調回到深水埗的津小，雖然這份教席是由崇正及信義等三間小學合成一份全職，但總算回到市區來了。並且數月後信義小學有一空缺，該校李麗仁校長又認同我的工作表現，聘我為專任。但任教僅數月，又説要走，實在過意不去；結果還是去了嶺南，感到非常內疚。

再談到我此次應徵嶺南成事，雖然是韋基球校監説我書法好，其實也不盡然。不然，六八年那次應徵，我的書法也不差吧！説實在的，應該是錢穆老師的推薦信發生了很大的效力，使我能在七二年秋重新進入大專任教。當年是麥太吳玉洲女士任校長，不但聘我為文史系專任講師，還要我擔任一年級新生主任，又兼助理訓導長。據云訓導長因病不能返校。到翌年麥太退休，接班的是黃麗文校長，他亦很欣賞我的工作能力。可惜怪我多事，因一位同學沒有上我的大一國文課，我説了他幾句，語氣雖十分溫和，卻得罪了他，他竟向系主任「篤了我的背脊」，這位系主任向來欠缺雅量，不知用何理由讓校方把我解聘了。這樣大的委屈，我竟沒有向韋基球先生解釋，至今頗覺不智。

幾年以後，我在一書店中翻看一本李君新出的哲學書，他任教中大哲學系，是牟宗三教授當他畢業後提拔他任職講師。但李君在該書自序中坦言，他選修牟教授的課，卻從來沒有去上課，牟教授對學生不聽課毫不介意，都仍盡心竭力的提拔他。牟教授也曾為在新亞哲學系做了十多年助教的鄭力為校友説項，請唐君毅教授升遷他一下，結果不成事。再回想我自己的無知，大學生不上課是平常事，不理可也。

記得唐教授取消我重讀中大碩士，李卓敏校長曾為文替我向三位文、史、哲系主任關説，請三位中的一位讓我可以完成重讀碩士學位。李校長協助我的信件，我仍保留至今，雖然為德不卒，我仍十分感激他對後輩的關愛。

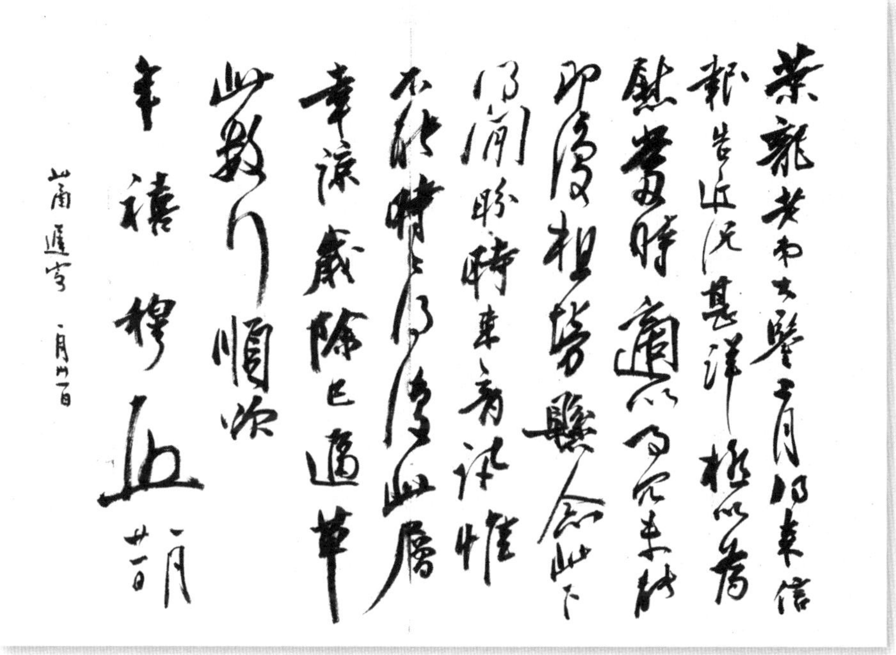

葉龍老弟大鑒：十月八日來信
報告近況甚詳，極以為
慰。書畫時遣，亦可免寂耗，
即復相勞懸念。此下
仍聞盼時來函詳述。惟
不能時時作復，仍乞山居
幸諒。歲除已過，草
此數行，順頌
年禧
穆 啟 一月廿一日

山居遲寄 一月卅日

【謄正】

葉龍老弟大鑒：

上月得來信，報告近況甚詳，極以為慰，當時適以事冗未能即覆，想勞懸念。此下得閒盼時來音訊，惟不能時時得覆，此層幸諒。歲除已過，草此數行，順頌年禧

穆啟　一月廿一日

【案語】

錢師給我的二十多封信函（有的散放於雜稿中，因多次搬遷，已有數封遺失。），信肉取出影印時，拆離了信封。此函是一九七二年秋冬之際，我函告老師已在嶺南文史系任教，兼感謝他的推薦[14]。錢師於七三年一月廿一日覆函，信末又因遲寄了十天而加以細心註明。老師獲知我任教嶺南極為欣慰；錢師在我失意時，為我擔心而安慰之，我的想法不對時，老師教訓我而督促我改正。當我失去重讀中大碩士的機會時，他多次向港大中文系的羅慷烈教授及馬蒙系主任以信函及口頭多次關說，終於完成了我的心願。錢師不但是我的嚴師，也是我的慈父。

榮龍老弟大鑒：讀來書，波折殊出意外，甚為懸念。此間文學研究生碩士博士每年均依法考試入學，與數年前大為不同。有意來台事甚不易。僅去港大理應一訪羅先生，惟穆已在數年前介紹，斷無再願由穆先為關說之理，當儘可前往自行申述，寄來講學將諸條閱後再決定去否，亦不易有把握也。專此復詢
近祺
穆 啟
五廿六日

【謄正】

葉龍老弟大鑒：

讀來書，波折殊出意外，甚為懸念。此間各大學研究生碩士博士，每年均依法考試入學，與數年前大為不同。有意來台，事甚不易。倘去港大，理應一訪羅先生，惟穆已在數年前介紹，斷無再須由穆先去函之理，弟儘可前往自作申述。寄來講學粹語，俟閱後再決定，恐亦不易有握把也。專此覆詢

近祺

穆啟　廿八日

【案語】

錢師此函在七四年寄出，他老人家仍關心我的碩士問題。我既已放棄一九六五年時張其昀曉峰董事長准我可免考入讀文化大學的博士學位，接着中大的攻讀碩士又受阻，嶺南的講師兩年後又不被續聘。（理由見前函案語。）

六十年代時錢師三次向羅慷烈師關說讓我去港大讀碩士，但當時馬蒙系主任回覆，如要選讀修課程的碩士尚有空位（但不能再讀博士），不必選課單寫論文的碩

士學位則暫無空缺。此函錢師要我面謁慷烈師申述。後來，我面請嶺南黃麗文校長函請其胞弟黃麗松校長准我入讀。還是黃麗文校長通情達理，他直接函馬蒙主任，因此順利成事。我獲碩士兩年後，又請黃麗文校長函請馬主任准我攻讀博士，又獲批准；時慷烈師即將退休，為我安排由何沛雄教授作指導教授，終於能圓滿成事。

錢師此函中又提及我整理講學粹語之事，擔心我寫不好，囑我試寫幾則再作決定，另函已有詳述。

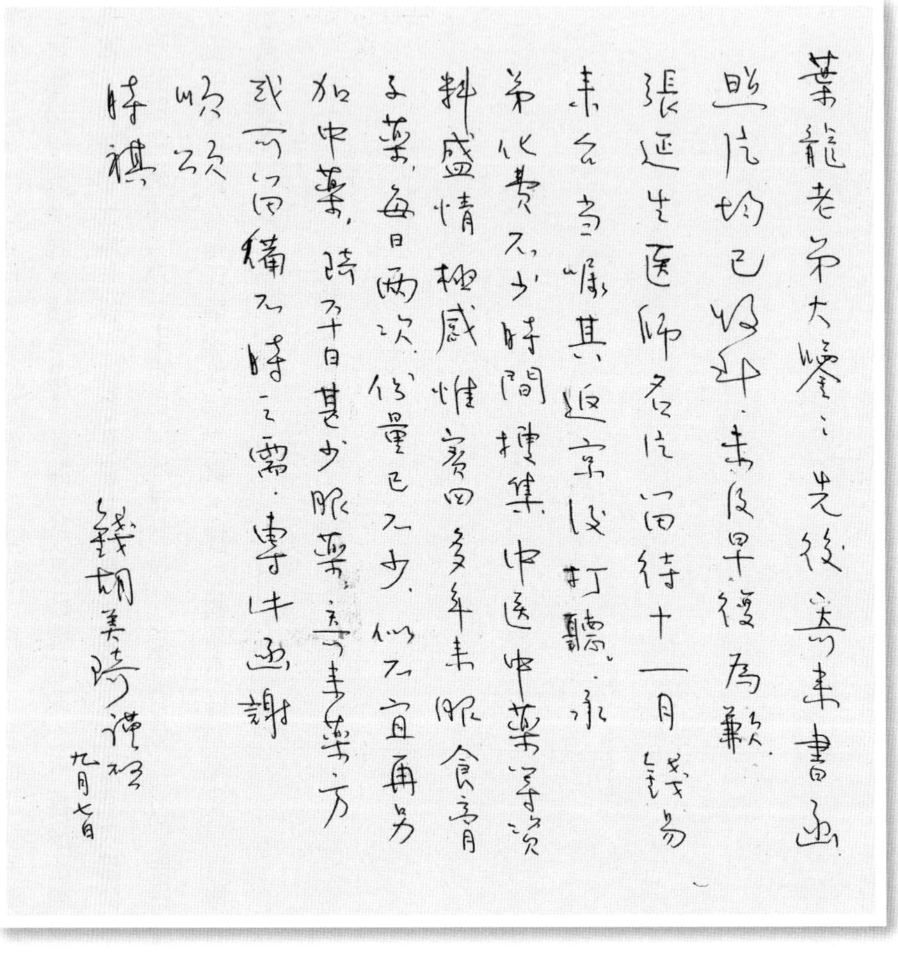
葉龍老弟大鑒：先後來書函
照片均已收到，未及早復為歉。
張延生醫師名片留待十一月錢穆
來台為囑其返京後打聽。承
弟化費不少時間搜集中醫中藥等資
料，盛情極感。惟賓四多年來服食膏
子藥，每日兩次，份量已不少，似不宜再另
加中藥。琦平日甚少服藥，該等藥方
或可留備不時之需。專此函謝
順頌
時祺
錢胡美琦謹啟
九月七日

【謄正】

葉龍老弟大鑒：

先後寄來書函照片均已收到，未及早覆為歉。張延年醫師名片留待十一月錢易來台，當囑其返京後打聽。承弟花費不少時間，搜集中醫中藥等資料，盛情極感。惟賓四多年來服食膏子藥每日兩次，分量已不少，似不宜再另加中藥。琦平日甚少服藥，寄來藥方或可留備不時之需，專此函謝

順頌

時祺

錢胡美琦謹啟

九月七日

【案語】

這是錢師母胡美琦女士於一九八六年九月寫給我的信，不幸閱報哀聞師母於二零一二年三月二十六日病逝於台北寓所時，尤感此函之珍貴。得知師母享年八十三

歲，亦稱高壽。

此時由於錢師年逾九旬，不但患有胃病、高血壓等宿疾，可能還有不少老年併發症，幸有師母悉心服侍調理，然老年病患不易快速痊癒。適該年我參加大陸及香港中醫在港召開國醫國藥討論會，獲得不少有關中醫藥的寶貴資料，尤其是討得大陸張延生名醫的名片，便把這些資料寄給師母，以便為錢師作醫治及調養之用。師母亦不吝覆函。藉此函得知錢師亦常服食中藥調理病弱之身，得能獲致九十六歲高壽。藉知中醫之值得重視。中國文化中之醫藥板塊，其偉大之價值自此可見。

一九七一年六月，錢師與師母胡美琦女士自台北來港參加新亞書院慶典，與校友合影。此照片由前中大教育學院教務長夏仁山（前排右一）借出。

註釋

1 費子彬：當代名中醫，江蘇人，為錢師常州中學同學。一九四九年來香港懸壺診病，病者受益無數。

2 黃開華、李明光、王俊儒、周卓懷、尚重濂、趙效宣、李杜及朴勝潤：全是一九五七年秋投考新亞研究所被錄取的研究生。黃開華兄後來擔任新亞中文系高級導師；至於王俊儒兄則於一九六一年秋與筆者並王兆麟兄三位同時招聘考試獲選為新亞中文系兼任講師，而於一九六八年夏，我與兆麟兄被裁員。而李杜兄則於一九五九年畢業，即獲聘任哲學系專任講師，為歷屆畢業研究生中升遷最快者。例如唐端正學長，於一九五五年畢業於新亞研究所，此時我就讀新亞大三年級，記得是年我選修錢師「莊子」一課時，錢師曾請其校閱我的課堂筆記，已相當於助教。但直至一九六六年秋，唐君毅教授始聘任其為哲學系專任講師，距其畢業已有十一年。

3 梅蘭芳、程硯秋、馬連良、周信芳、金少山及袁世海：均為上世紀中葉中國之京劇表演藝術家。

4 鄭騫：遼寧人，字因伯，為台灣大學中文系主任，上世紀六十年代曾來新亞中文系擔任系主任一年，後仍返台大中文系。因伯師最為人樂道之事，厥為當時台北師範大學未設有博士學位，當時羅錦堂君在師大攻讀碩士、博士，均借用台大鄭因伯為指導教授，因伯常提及羅之碩士論文優於博士論文云。

5 梁崇儉：上世紀五十年代中新亞早期哲教系校友，畢業後曾任教香港多間津貼中小學，退休後定居台北。與錢師往還密切，曾多次陪同錢師返港參加新亞校慶。

6 全漢昇：廣東人，為中國經濟史權威，他來新亞任教前，為台北中央研究院院士，並兼任總幹事。來港後任中大新亞歷史系教授，退休後轉任新亞研究所所長，最後定居台北，至九十歲病逝。

7 記得錢師病逝後不數日，有旅美講學之許倬雲教授在《中央日報》副刊發表悼念錢師專文。該文提及錢師所著《國史大綱》中可以找到寫　百篇博士論文的題目。

8 吳俊升：江蘇如皋人，原任職於台北教育部高教司，後受錢穆院長邀請來新亞擔任副院長。吳氏原為港英政府教育署所拒，經錢院長再三堅請，終獲來港。錢院長於六四年辭去院長、所長職務後，終由吳俊升接替。至於新亞研究所所長　職，則由吳院長讓予哲學系主任唐君毅教授兼任之。吳、唐及潘重規教授均為南京中央大學前後期校友。潘氏原為中文系系主任，後來曾擔任文學院院長。

9 王兆麟：新亞校友，與王俊儒及筆者三位於一九六一年秋同為新亞中文系兼任講師。

10 吳因明：新亞藝術系所聘之兼任講師。後與王兆麟及筆者同時於一九六八年夏被裁員。

11 謝幼偉：原為新亞哲學系教授。唐君毅教授於一九六五至六六年間渡假時，由謝氏兼代理系主任。謝氏專長於中西哲學，於二戰前已甚有名。

12 蘇慶彬：新亞歷史系早期校友。一九七二年秋，蒙孫國棟主任邀請來新亞擔任專任講師。至於蘇兄原任嶺南歷史系講師一職，則在該校韋基球校監同意下，由筆者接替之，筆者並兼任該校助理訓導長。

13 兆麟兄亦常為錢穆老師的公開講演擔任記錄。

14 筆者於六八年錢師為筆者寫推薦信時，曾函寄嶺南應徵，但當時無空缺。至七二年，蘇慶彬兄辭職，韋校監遂堅邀本人接替蘇兄之職位。

第三部分

錢穆報導文章

我們的家長——錢穆先生

（原文撰於一九五四年）

如果你經常留心海外的報章雜誌的話，你就會知道這裏有一位中外共同讚揚的史學家，他正矗立於中國學術界裏，放出了奇異耀眼的光彩。早年北京大學所開的一門最叫座的中國通史，就是他主講的。有人説，我國近代文化界裏自學成功的有兩位，一位是王雲五先生[1]，還有一位就是他。他不是別人，就是我們新亞的家長——錢穆先生。錢先生沒有進過大學，也沒有出過洋，可是錢先生的治學，正如張自銘先生所説，是「戛戛獨造，一無傍依，遂成極詣，而融貫中外，直湊單微，又迥非抱殘守闕者可比；……錢先生提倡中國文化精神，其學説有人頌之為『錢穆型』，可見影響我國人心之大。」

治學精深廣博　學不倦教不厭

有人尊稱錢先生為史學權威或國學大師，是的，這稱號在錢先生來説是當之無愧的，並且已成為當世的定論了。但是如果要依實擬名的話，卻是很不易的。因為錢先生治學不但精，而且又廣博。他對古今中外的歷史、哲學、文學、藝術、宗教、經濟、軍事、政治、地理……等均有深湛的認識與獨特的見解，要用一個適當的名字尊稱他，實在很難，真是博學而無所成名[2]。

梁寒操[3]先生譽錢先生為「中國的瑰寶」，才是很妥當。正因為錢先生自身的學識淵博而精通，他期望他的學生要眼光放得遠大，先重通識，再求專長，要把自己培養成完人，才有偉大的前途。

錢先生是一個學不倦教不厭的人。一九一一年，錢先生就擔任小學教師了，由小學而中學而大學，四十年來，他一直沒有離開過教書匠的粉筆生涯，他曾說過：「我過去是教書，現在也是教書，將來還是教書。」[4]孟子說：「得天下英才而教育之，一樂也。」他把培育後輩青年視為最神聖的事業。將所獲得的知識財寶白白賜給學生，卻不指望得甚麼酬報。這正是他老人家內心一種高度的享受和滿足呀！

記得歡送梁寒操師赴台時，錢先生在其紀念冊上題了「春風同坐，教澤長流」八個字。其實這兩句話送給錢先生自己也是恰到好處。孟子說：「分人以財謂之惠，教人以善謂之忠，為天下得人謂之仁。」這三樣，錢先生已兼而有之了。

新亞同學曾從不同的角度，描寫過錢先生。

錢師桃李滿門　多角度述先師

錢先生究竟是怎樣一位學者呢？描寫他的文章可多哩！今摘錄幾段如下，讓大家對錢先生可以有一個清楚的認識。

其中楊遠[5]同學說：「他經常穿着一件藍色的長袍，很少穿西裝，……中等身材，在不算胖也不算瘦的面頰上，常架着一副近視鏡。……他那謙遜和藹的態度，使人不敢相信他就是鼎鼎大名的學者。……」

艾一君說：「我們的院長個子並不高，身體也說不上胖。夏天他愛穿一套白絲綢的衫褲。出去時，就套上一件灰綢子的大褂兒。冬天，他穿的是為我們全校同學所熟悉的那件藍棉袍。至於西裝，他只偶然的穿那麼一兩次。……他述說目前青年對歷史觀點的錯誤。他說的是那麼幽默而激昂，一陣陣的笑聲充滿了教室。但笑過了之後，我們細細的回味着他的話，是如此的沉痛，同學們的眼圈紅了。」

「錢先生講的中國歷史簡直會把你的耳油都聽出來。你真要希奇他怎麼裝了一肚子的歷史。不過，上錢先生的課，千萬別坐在第一排。因為他講書時，喜歡在講台上踱來踱去，你的視線被吸引在他的臉上，於是你的身子可就跟着他的轉動不停。這樣呀……一個鐘頭聽下來，你就會突然發覺到脖子又瘦又累。我可是有這個經驗的。……怎麼？你以為錢先生很兇？那可不對，只要你循規蹈矩的，他絕不會發脾氣。他總是架着近視眼鏡，紅潤的臉龐常露着慈祥的笑容。」這是沁蕊君說的。

現在再引一段文風君的話，他說：「錢先生是個身材矮小的人，但卻顯得十分結實。紅紅的臉龐，帶着兩顆永遠精神煥發的眼睛。他的儀態使人感到和藹可親，卻又感到肅然起敬。他是一個富有人生情趣的人，常常和同學在一塊談天，即使是青年的愛情問題，他也可以和我們談出勁兒來。然而，當提起當前民族的憂難，人類的危機時，他的表情，便馬上呈現出內心的沉重。……錢先生在講學的時候，全神貫注，有聲有色。如講《莊子．逍遙遊》一篇時，他所表現的姿態與神情，真是大鵬逍遙於空際之氣象，扮演之貼切迫真，使人的心緒也隨之而遨遊……在登山旅行中，錢先生常常是健步如飛的跑在前頭的。他有時還換上游泳褲和我們一同下水哩！」

當我首日到新亞見到錢先生的第一瞥時，他給我的印象是：一個不高而結實的身材，精神飽滿，面色紅潤，眉毛長得特別長，目光慈祥而帶有威嚴。記得那一次好像也是穿着藍色的長袍吧！白斜布的內衣領子，高出外面那件藍棉袍的衣領幾達一倍，我當時心裏忖着：「外面的棉袍領子怕會被沾上骯髒的緣故吧！」過後我又認為這種想法會錯誤。

「一個能夠活到高齡的老人，他一定是一個了不起的人物。」錢先生曾這樣説，也正在這樣做。他的生活很有規律，每早晨和傍晚總要出去散步一回，中午必作小憩，並且每天還操練太極拳呢！晚上睡時要求能做到四周靜寂並且不見到光。可是最近在太子道的住所，正違背了這兩個原則，馬路上的隆隆巴士聲響徹深夜，很不湊巧的，發出強烈白光的街燈，又正對着他住所的窗口。幸而他老人家現在已能習慣於這種非常環境了，錢先生曾看過一些關於如何養生長壽之道的書，並且有些也照着實行，因此他的精神還是那麼健旺，身體也還是那麼結實；遺憾的是他的胃不很強健，由於操勞過度，錢先生曾數度患胃病，現在已經康復了。

錢先生嫻於辭令，當他講學時，抑揚頓挫的聲調加上喜怒哀樂的神情，因此很能夠引人入勝。每一堂課，總常常博得滿座的笑聲，有時也感動得使人流淚，因為錢先生對於古老的中華，有着說不出的情愛；對於深遠的中國歷史文化，更有着說不出的敬重，由於他以身作則的精神和所發揮的情緒教育，因此使同學們充分地獲得他的人格美的欣賞，並在品格學識上收到一種潛移默化的功效。說也可怪，只要經錢先生口裏講出來的話，就是連最普通的日常生活瑣事，竟也變成一種動聽的人生哲學了。

信中國不會亡　研中史具慧眼

可以說，中國歷史是錢先生最親密的伴侶，當初錢先生為要證明梁任公先生「中國不會亡」這句話，為了要知道我們的國家還有沒有前途？我們的民族究竟還有沒有將來？因此他在四十多年來不斷地研究着中國歷史，結果得出了一個結論說：「我認為中國不僅不會亡，甚至我堅信我們的民族，還有其更是偉大光明的前途。證據何在呢？我敢說，我這一個判斷，固然是挾着愛國家愛民族的情感成分，然而並不是純情感的，而是經過我長期理智的檢討，而確實有其客觀的證據的，這證據便是中國以往的歷史。」錢先生認為如果要研究世界人類的文化和世界人生以往一切經驗的話，最可寶貴的一部資料，就要推中國史。但是他又很感慨地說：「論歷史本身，中國最偉大；論歷史記載，中國最高明。但論到歷史知識，則在今天的中國人也可說最缺乏。」很多時候，我們不知道愛我們的祖國，我們對祖國沒有溫情與敬意，乃是由於我們不認識祖國的歷史；所以錢先生常常呼籲國人應該知道以往中國的歷史，不但要知道，而且還要對以往的中國歷史有溫情與敬意。

《劉向歆父子年譜》一書是錢先生最初的成名作，此書出版時，曾震動了中國學術界；他的著作等身，其中的《國史大綱》可以說是錢先生的代表作之一；在該書自序中錢先生記有一段話：「（民國）二十六年（一九三七年）秋，蘆溝橋倭難猝發，學校南遷，余藏平日講通史筆記底稿數冊於衣箱內，挾以俱行……余以是稿未畢，滯留蒙自，冀得清閒，可以構思。而九月間空襲之警報頻來。所居與航空學校隔垣，每晨抱此稿出曠野，逾午乃返，大以為苦。」從這段軼事中足見錢先生對這部書的愛護和對中國歷史之視如珍寶。

錢先生看中國歷史獨具慧眼，當他講解時往往發表前人所未曾闡述的精闢見解，他糾正古今學者對中國歷史的錯誤認識和看法；他常常提出兩個以上的論證來確定某一種古制度的存在是真的；對於歷史上的古人或者一種政制的是非之論，他決不隨聲附和人云亦云，他說，我們決不能以今人今日的地位來批判古人或古代政制的得失，乃是要用客觀的處在當時環境的立場來得出它的正確的結論。就以史前史來說，錢先生主張一面用遺下的器物來證明，一面也要以傳統的追記來補充，因為傳統與器物，這兩者並不都是全可信，卻也並不都是全不可信。他更反對有些人將中國的歷史硬要勉強地塞入西洋歷史的模型中去，中西的國情是完全不同的。由於錢先生兼通經史，所以他對中國歷史有明確的觀點和獨到的見解。

不降著作水準　抵抗歪曲歷史

不久以前，一位在日本研究東方文化的英國學者來香港拜訪錢先生並請教問題，這位學者正在研讀錢先生的著作《先秦諸子繫年》一書。真的，中國數千年的寶貴歷史文化，除了日本人早在研究以外，今日歐美人士也開始重視起來了，很不幸的是，國人今日對本國的歷史文化竟如此的冷淡漠視，相信現在已經很少有人肯花時間來看錢先生著的如《中國近三百年學術史》、《先秦諸子繫年》這一類的學術論著了，現在的多數大學生連《國史大綱》也難於看懂，曾有人勸錢先生將《國史大綱》重新寫一遍，使它成為語體化，簡單化，錢先生認為這樣做並不好，因為中國的歷史不簡單，自然也無法寫得簡單；至於太難，應由讀者設法去提高閱讀的能力，卻不能使作者降低著作的水準呀！

有人說，錢先生偏愛中國的歷史文化，認為西洋的都不如中國好。其實，錢先生之所以大聲疾呼地要國人珍重愛護中國歷史文化，一方面當然由於中國的歷史文化有其可愛偉大之處；同時也因為有些人正在歪曲和摧殘中國的歷史文化，他們所作的是「長他人威風，滅自己志氣」的愚蠢舉動，以致把國人的民族自信心和自尊心都喪失完了。不過，在另一方面，錢先生也承認西洋的歷史文化。

錢先生很喜觀看平劇，除了欣賞平劇的動作舞蹈化、講話音樂化、佈景圖畫化外，特別稱賞那富於代表性的劇情，雖然到後來總喜歡來個大團圓，但在這些平凡的劇情中已能表達出深刻的涵義。至於平劇中的角色，來來去去總只有那幾副臉譜，自然每一個簡單的臉譜中，都能清楚地刻劃出代表着劇中人的身分和心地來，更是錢先生所欣賞不已的。

新亞的家長　為創辦書院貢獻

這裏得略述新亞的創辦目的及其精神，因為錢先生與新亞是不可分的，他是新亞的家長，認識新亞也是幫助我們認識錢先生。新亞的旨趣是「上溯宋明書院講學精神，旁涉西歐大學導師制度，以人文主義之教育宗旨，溝通世界東西文化，為人類和平社會幸福謀前途。」錢先生曾更深入的闡述所以創辦新亞的目的，他說：「我們的理想，認為中華民族當前的處境，無論如何黑暗與艱苦，在不久之將來，我們必會有復興之前途，而中國民族之復興，必然將由於中國民族意識之復興，和對於中國民族以往歷史文化傳統之自信心的復活之一基礎上。我們認為，要發揚此一信仰，獲得國人之共信，其最重要之工作在教育。所以我們從大陸流亡到這裏，便立刻創辦了這學校。……新亞精神乃不畏艱險為中國文化繼往開來之精神。……我們新亞教育之理想，一向標榜説，是一種人文主義的教育之理想。人文主義也正面對種種人生的憂困而來，有了更多理想的人生，才會有理想的社會。」

新亞的前身是亞洲文商學院。張丕介[6]教授特別強調新亞有一種傳統的武訓[7]精神，他曾說：「……改組為現在的新亞書院，但它的精神，它的旨趣，和它的事業理想，卻因它的後身新亞書院的誕生，而被全部繼承，並且繼續的發揚並見之於實際了……雖然新亞的物質條件會使大家失望，而教育家的精神和毅力，卻贏得了這群青年的傾服。……這樣一所艱苦奮鬥的文化事業，證明它在精神上就是武訓先生精神的再生。」

新亞是在憂苦中誕生，憂苦中成長，而且還繼續在憂苦中前進着，正如校歌中說：「手空空，無一物，路遙遙，無止境。」但是新亞有其獨特的精神和崇高的理想，所以今天的新亞已漸漸為社會人士以及國際友邦所認識所了解了。

為了支持這個家——新亞，錢先生曾把私蓄拿出來了；並且他曾兩度赴台講學，為了籌款而勞碌奔走，希望能把新亞扶植起來。使人高興的，新亞從幼苗中茁壯成長起來，今日已經開花結果了，錢先生曾對第二屆的畢業同學說：「我們學校雖因種種艱苦困難，沒有善盡我們的責任，但至少，我們所要盡的最主要最基本的一個責任，我們算已盡到了。」

待學生如子女　締造家庭溫暖

錢先生對同學們是很關心愛護的，如同對待子女一般，所以大家稱錢先生為家長不是沒有理由，這裏有兩件軼事記下來作證明：

「……錢先生在當時真可謂是食宿均無定所的。他也常常給我們買鮮蝦來加菜，飯後也常請我們吃香蕉。一次我因為在外面教書，遲了回來，同學們也忘記了留菜給我，錢先生也因為回來得較遲，自己加了些菜正在那裏用膳，看見我回來，便把自己的菜分了一大半給我。當時我只覺得一陣家庭的溫暖。」（摘自《亞洲文商學院的回憶》——端正君）

「大年初三，有八位同學去給錢先生拜年，他（她）們都像對自己父親一樣，跪到地上叩頭。這一來，弄得錢院長手腳無措，慌慌忙忙地，一個個把他們扶起來。誰知道這個頭並不白叩，這八位同學硬要錢院長給『紅包』，另外還要請看電影。老人家纏不過他（她）們，樣樣都答應了，他（她）們連蹦帶跳地跑出了院長的寓所。」（摘自《新亞——我們的家》——菲君）

怪不得菲君說：「新亞的同學多是由內地而流落港九的，他們已四五年沒有嚐到『家』的滋味了，說來也奇怪，他們在海外的香港竟有了『家』」。

這是新亞同學們的心聲：「新亞就是一個大家庭，師生之間瀰漫着一股無比的溫情。」誠然，可能有時候師生或同學之間在聯繫上或了解上還有欠缺的地方，但是這句話我們得承認呀！錢先生在去年的校慶典禮中就對同學們說：「你們孤身在外，來到新亞，就像是來到你們的家了。」有甚麼還能比這兩句話更親切更關懷同學們呢！

「新亞的校風是好的，可是學風還嫌不夠，大家不要單單聽講，也得在課外及自修多閱讀。」這是錢先生常常勸告同學們的話，他更希望今日的中國青年，尤其是流亡在海外的一群，能夠多學習一些祖國的歷史文化。錢先生常常苦口婆心地勸我們青年對祖國的歷史文化應該有一起碼的了解。去年青年節，錢先生在他發表的〈敬告流亡海外的中國青年書〉一文中說：「中國是有着四五千年的長期優良文化傳統光榮歷史積累的國家，但同時又是在近百年來外面受盡屈辱和壓迫，內部不斷動亂和災禍的國家。但直到最近，這一個多災多難的中國，依然在世界上有其舉足輕重的地位，而成為多方重視的一個焦點……不容諱言的，今日我們可愛的中國青年們，若許我坦白直率地說一句，對自己祖國的以往歷史傳統和文化精神是已模糊了，由於模糊而輕忽而誤解了……可愛的中國青年們，可同情的我們眼前一群流亡在海外的中國青年們，我了解你們的責任，我更同情你們的處境。但我敢披肝瀝膽，向你們說一句我所想說的話，無論如何，你們總該對祖國以往歷史文化求有所了知，真有所了知呀！」這一段沉痛而懇切的話，是值得今日每一位海外的青年們有所警惕的。

勉勵新亞同學　發揚中國道德

世界的和平和人類的幸福也是錢先生常常關心到的話題，錢先生認為戰爭不能解決國際問題，原子彈和暴力的征服也決不是謀求世界和平的捷徑；我們只要看第一次世界大戰以後，緊接着的就是二次世界大戰，不幸今日又是到處充滿着火藥氣味。總之，戰爭與殘殺不能使世界獲致真正的統一與和平，惟有不嗜殺人的才能治理天下。錢先生又說：「惟有實行中國的道義才可使世界和平，世界上任何一民族，沒有能像中國這樣大，這樣久，這因中國往往在最艱苦的時候，能發揮出她的道德精神來挽救危機，……中國以往文化精神正在此，以後的光明前途也在此。也惟有發揚中國的道德精神，才能挽救世界戰爭的危機，而趨向和平幸福的途徑呀！」

「天地不老，時時在回春；人心不死，也會時時得新生，其最先生機，卻在某幾人乃至某一人的心……讓這一粒粒新種，埋落在僻地，讓它默默地，悠悠地，靜悄悄，冷清清；像是柔軟無力地，而終於這樣地生長了。只待春風一到，這些便是大地的新生命。」這是錢先生對中國前途堅持盼望的一線永不絕息的希望，這希望也早成了他的信心了，但願人們對祖國的歷史文化有更多的認識，讓這一個生機早日給大地帶來新生命。必須有崇高的道德和闊大的胸襟，會運用手段，但也兼顧道義，這樣，他可以為全人類謀幸福，並為世界奠定永久和平的基礎。

記得有一次張丕介教授對同學們說：「我們的家長是發光體，同學們吸收了這光，先照亮自己，再照亮別人，好讓世界的每一角落發出燦爛的光輝來。」同學們記住吧！

最後，讓我們祝福我們的家長日臻健康，並為中華民族繼往聖而興絕學！

論天人合一：賓四先生的親身領悟
——記錢師最後一次講學

（原刊於一九九零年十月十六日台灣《中央日報》）

一般來説，業師錢穆賓四先生正式告別杏壇的最後一次講學是在一九八六年的六月九日，地點是在台北外雙溪的素書樓，那時賓四師九十二歲。其實嚴格來説，一九八九年九月二十八日下午一時在香港九龍尖沙咀漆咸道的百樂酒店的一間套房裏，相信才是賓四師真正最後的一次講學。那次他老人家講的是宇宙人生的大問題——天人問題，聽眾包括羅夢冊[8]教授伉儷，校友有唐端正、梁思樸、劉若愚[9]和我，羅教授還帶來了兩三位當時新亞研究所的學生，何佑森[10]與逯耀東[11]兩兄因事早走，但聽老師講的仍有八九位之多。講題又是如此之重要，賓四師再三聲明是他新近體會所得的新構思，一講就是兩小時。

人生最高真理是天人合一

茲將賓四師所講大要筆錄如下：

我（即錢穆）近來悟到了一個人生的最高真理，是以前所未曾想到的，現在來告訴各位。

我們是中國人。中國人常說修身、齊家、治國、平天下的道理。雖然歐洲的英國、法國，和亞洲的中國，都是同一個「天」，但西洋各國與中國人看「天」卻不相同。

人人都講信仰，中國人最大的信仰是「普天之下，世界大同」。

我們每一個人都是「天」所生的。我們的父母自何處來，父母亦都是「天」所生的。「天」是我們共同之父。我們同坐在一室中，仰首望出窗外，或是出屋外散步，都涵蓋在共同的「天」之下，大家有一共同的根源，即同一個「天」。

中國人講治國平天下，中國人講平等，與西洋的不同。西洋人以為：「天生下人，法律之下，人人平等。」但與中國所講的不同。我們中國人，人人均為「天」所生；父母亦為「天」所生。中國人常講「天生」兩個字。

「天、地、君、親、師」為五倫。「天」與我們「人」也是一倫；我們「師生」亦是一倫；天人可合一。但西洋絕無「五倫」，最多只有「四倫」。西洋人說，「天生人」是特別的。造了亞當、夏娃到世上，繁殖了很多後裔，但只是講信仰，卻無證據。

中國人則不能沒有信仰，人為「天」所生，即人為父母所生。父母又有父母，有家譜傳下，可上溯至幾千年，最高處則為「天生」。

「天生德於予」；「天命之謂性」。我們中國人通常稱「生命」為「性命」。「生命」是指肉體之生；「性」字為「忄」旁，「性命」指精神之生。中國人一生，其「生命」即為「性命」。古人有謂「苟全性命於亂世，不求聞達於諸侯。」「性」是「天性」；

「命」是「天命」;「人」是「天人」。大家同是「天生」的;大家同一父親。父即上帝,即「天」是大家共同的父親,即屬同一本家。人人均有「天性」,即含有「人為天生」之意。人講平等,沒有比這更平等的了;人講自由,我為上帝所親生,還有甚麼比這更自由哩!

講平等、講博愛的境界、要算中國人講得最高了。因為西洋人要用道理來講博愛。中國人則不必。

人生自天是民族最高教訓

「人生自天」,中國是全世界最大的宗教,亦為中華民族最高的教訓。「天生民而立之君」,此為中國的最高宗教思想,亦為中國的最高宗教信仰。西洋人是沒有的。英國人、法國人亦說「人由天生」。但西洋人是說「法律之前,人人平等」、「政治之前,人人平等」;但中國人則直截了當地說「人天生是平等的」。故西洋人不及中國人說得那麼圓融通透。

西洋人沒有中國人所講「天人合一」的信仰。人與人之間有交際,天與人之間有天人之際。正如司馬遷說過:「究天人之際,通古今之變。」從古到今,沒有不變的。歐洲人、非洲人、亞洲人……均為「天生」的。但天如何能生人?人如何生?西洋人講不清楚。但我們中國,「天生民而立之君」,已很明顯的表達了人是「天生」的道理了。

全世界任何一國家一種族的人都是「天生」的。人均是上帝所生，一律平等。中國人用「天生」兩字極為普遍，極易明白。西洋人則不然。如將「天生」二字譯成一百多種外國文字，亦仍然譯不明，說不清。

諸位用一輩子光陰來研究一種學問——天文學。即中國古代的天文學[12]。「天」即吾人之父母，中國人最信仰「人為天生」的道理，此實為道地的中國文化。

我們應向普天下傳講，把中國三千年、四千年的傳統文化一口氣用一句話——「人由天生」的道理講述出來。

對歷史文化存溫情與敬意

錢師這兩個小時的講學，雖然間有重複的語句。但他的神采笑貌不減當年。記得二十九年前（一九六一年），賓四師在新亞時，應香港孟氏基金會之請，主持「中國歷史研究法」專題講座，一連八講，每講兩小時，當時由筆者擔任的記錄還可追得上老師所講的。但這一次記錄似已有所不及；所記已遺其神髓，僅能存其形貌而已。但此次賓四師除了坐着講，聲音較前低沉以外，其浩浩蕩蕩如長河直瀉般的思潮與敏捷的口才卻比前並不遜色。但他畢竟是一位九十五歲的老人了，何以能發揮如此潛力？此無他，對中國歷史文化存有一份濃厚的「溫情與敬意」在支持着他，不禁令人肅然起敬。

錢師此篇講學稿筆錄後存篋已將一年。由於疏懶，未加整理。今夏由台北返港，感老師遽爾仙遊，遂翻尋此稿，以其為老師最後一章講學，此講又為老師特別強調晚年重要之心得。爰加整理成篇，商請於執教中文大學哲學系逾二十年之唐端正兄，唐兄於此篇「天人合一」講學稿，憑其記憶所及，認為與錢師當日所講，大體符合。亦認為發表此稿，藉以紀念先師之最後遺言，彌足珍貴。此不但為錢穆賓四師最後一次講學——一次正式退出杏壇後的講學；亦為賓四師一生路程中最後一次參與正式的盛大慶典，爰加追記，以作悼念。

錢穆大師的教學及著述生涯

（原刊於一九九零年十一月二十三日《台灣日報》）

業師錢穆賓四先生一生從事粉筆生涯，前後凡七十五載。先生自一九一一年十八歲起，直至定居台北到九十二歲退出杏壇為止[13]，其間弦歌不輟，誨人不倦。先生自大陸，而香港，而台北；由教小學，而中學，而大學與研究所。如以學校的級別來分，可分三個階段：即首十年是在家鄉教小學，是為第一階段；第二階段是接着教了八年中學；先由施之勉[14]先生邀請先生去集美教國文。一年後，先生回到江蘇省立無錫師範任教；四年後，受蘇州中學汪懋祖校長禮聘擔任該校首席國文教師。三年後，由於先生所撰論文〈劉向歆父子年譜〉，受知於北京大學顧頡剛[15]教授。先被推薦去北平燕京大學任教，繼而專任於北京大學。並兼課於燕京、清華及師大三校。由此開始，先生一直任教於全國各大學及研究所，歷時長達五十七載，是謂先生教學之第三階段。

錢師任教的四個時期

先生任教於全國與海外各大學或研究所之五十七年中，如再加以劃分，則可分成四個時期。

首為北平時期。此自一九三零年始，直至一九三七年抗日戰爭爆發為止，歷時八載。此為先生在國內教大學之第一時期，主要教授於北平各大學。

至於第二時期，則由抗日戰爭開始以迄勝利結束之八年中，先生輾轉於後方湖南、貴州、雲南、四川各省，先後任教於西南聯大、成都齊魯大學國學研究所、華西大學、四川大學等校，其間於一九四二年春，曾應張其昀曉峰先生之邀在貴州遵義浙江大學講學一閱月。

抗戰勝利後，一九四六年秋，先生應聘赴昆明五華書院任教；又兼教雲南大學；繼於一九四八年春轉赴無錫江南大學任教，並擔任文學院院長。翌年春，先生應華僑大學創辦人王淑陶先生之聘赴廣州任教。卒因大陸變色，先生遂於一九四九年避難來港。近四十年來，華僑大學遷港續辦，仍由王淑陶先生掌校。筆者於年前遇王校長於香港灣仔中國酒樓，談及此事，王校長謂：「錢先生在史學上有獨到之見地，所以我請他來華僑大學任教。」並談及華僑書院（香港復校後之名）有遷台或在台灣花蓮辦分校之意。僑大在香港苦撐至今，已屬難得。今王淑陶校長年逾八十，仍精神矍鑠，僑大如能遷台，當可重振聲威。

先生在廣州華僑大學得識趙冰師，趙冰師為牛津、哈佛兩校之法學博士，來港後一面執業大律師，並兼新亞書院董事長，並任教英文作文一科。他每次擬就作文題目，通知校方，限同學課堂上依時作好，再送去其大律師辦公室。趙師批改認真仔細，必依時發還。趙冰師為人頗幽默，作文評語常用粵諺。一次，某同學作詩一首，趙師評曰：「你的打油詩，唔埋得鼻。」（意即不能靠近鼻子。）同學們閱後大笑。其運用粵諺，生動傳神，幽默風趣，即此一例，可概其餘。趙師年輕時，還是一位愛國志士。有一次去其府上，他告訴我們，如當時不是他的父母阻止他，鎖他在房中，便已成為黃花崗七十三烈士之一了。同學聞之，無不為之肅然起敬。

先生一九四九年來港後，由張其昀、崔書琴及謝幼偉先生等，邀其擔任亞洲文商學院院長。日校在香港英皇道海角公寓租賃教室，夜校則在九龍渡船街。至一九五零年秋，學校遷桂林街後改組，並改名為新亞書院，學校董事長則改由趙冰師接任，校長仍由錢師擔任，直至一九六四年一月辭職。在港歷時十五載。同年十月，趙冰師病逝，先生為作兩聯輓之，公輓之聯曰：

惟先生身在局外心在局中不着跡不居功艱難同其締造，

願吾黨利恐趨前義恐趨後無渙志無餒氣黽勉宏此規模。

私輓之聯曰：

肝膽共崎嶇畢義願忠惟茲情其永在，

氣骨勵堅貞清風峻節何斯道之終窮。

先生在其《師友雜憶》中云：「余之始創新亞，趙君即任董事長助成之。余之辭新亞職務，亦由趙君主持決定之。不謂余初去職，趙君即遽長逝，痛哉痛哉。」足見先生與趙師情誼之深厚。

先生辭職之翌年，應聘前往馬來亞大學任教。由於馬來亞之濕氣使先生胃病劇發，遂於八個月後返港。仍住沙田道風山和風台。在港辦學，短期赴馬來亞而再返港，此一時期為先生執教大學之第三時期。期間除在馬大不足一年外，餘均在新亞書院及新亞研究所任教並主持校政。今畢業校友遍佈世界各地，除任教於港、台兩地外，並散佈於歐美及東南亞各國之大學執教，為數甚多。

一九六七年十月，先生遷台定居後，為其大學教學生涯之第四時期。先生受中國文化學院（即中國文化大學之前身）董事長張其昀曉峰先生之邀，為該校碩士博士班研究生授課。學生每週去外雙溪素書樓上課一次；其他時間，先生全用於研究著述上。並應故宮博物院院長蔣復璁先生之邀每日上午赴該院擔任研究工作。直至八十四歲病目為止。先生在文化大學高級學位班授課，直至九十二歲。先生晚年雖病目，得師母及秘書之助，仍陸續出版巨著，矻矻不稍休，其為中國歷史文化所付出之奮鬥精神令人敬佩。

錢氏著作的三個時期

關於先生的一生著作，概括地可劃分為三個時期，今列述於下：

第一時期：先生主要是研治經學及先秦諸子，亦間及乾嘉考據之學。約言之，先生未到北平諸大學教書前，即一九三零年以前，此一時期，先生為二十九歲至三十五歲之間。先生自一九二四年起，陸續出版《論語要略》、《孟子要略》、《惠施公孫龍》、《國學概論》、《周公》、《墨子》、《劉向歆父子年譜》、《王守仁》、《周初地理考》，以迄一九三二年出版的《周官制作年代考》。上述作品，主要是在無錫師範及蘇州中學執教時期利用課餘及假期所寫成。其中《劉向歆父子年譜》自一九二九年發表後，引起全國學術界的震驚與讚嘆。

先生《劉向歆父子年譜》一書，其對中國學術界最大的貢獻，正如何佑森學長所說：「此書不但結束了清代今古文之爭，平息了經學家的門戶之見，同時也洗清了劉向歆偽造經書的不白之冤。」促使了五十餘年來研究經學的學者，對二千年來的古文經書中的一切記載堅信不移。也使當時治經學的古文學家與今文學家互相尊重，各採所長。把昔日互相排擠攻訐的現象，予以一掃而空。先生之功決不在融會今古文經兩派思想的鄭玄[16]之下。最令人感動的，是當時主張今文學派且最為推崇康有為《新學偽經考》的顧頡剛教授，不但不介意，而且推薦先生此論文刊登於《燕京學報》；先生推卻中山大學之聘後，又推薦先生至燕京任教。顧教授那種服膺真理、學術為公的胸懷，使人欽敬。時為一九五零年秋，先生三十六歲，是其 生中教學事業之一大突變。

先生《先秦諸子繫年》一書，雖初版於一九三三年，但是書亦完成於一九三零年前，於蘇州中學執教之時。此一巨著，足與《劉向歆父子年譜》並傳不朽。按此書上溯孔子生年，下探李斯卒歲。前後二百年，排比聯絡，一以貫之。書中對先秦學人，無不一一詳考。如魏文之諸賢，稷下之學士，一時風會之所聚，以及隱淪假託，其名姓若存若亡者，無不為之輯逸證墜，辨偽發覆，參伍錯綜，曲暢旁通，而後其生平出處師友淵源學術流變之跡，無不粲然條貫，秩然就緒。且此於列國世系，多所考核。別為通表，明其先後。

前賢對考論諸子年世的通病是各治一家，未能通貫。故治墨者未能通於孟，治孟者不能通於荀。各書單獨觀之，尚算有據；比並而觀，則難免錯漏百出。且前賢每詳於孔、墨、孟、荀之考證，於其他諸子則未免過於疏略。前賢為諸子考訂年世，往往僅依據《史記．六國年表》，其實《史記》錯誤處甚多，不能盡信。先生作《先秦諸子繫年》，掃除了上述諸通病。糜文開先生說[17]：「此書出而胡（適）著《中國哲學史大綱》之疏漏洞見。其中老子的年代問題，先生另撰《老子辨》一小冊。胡先生根據古籍記載，主張老子比孔子年長；梁啟超、顧頡剛先生則主張老子年代應在戰國；賓四先生則更主張說像司馬遷《史記》所透露，老子其人只是傳說中的人物，應把《道德經》的完成推定學術史上的年代。他根據《道德經》的文字和思想內容，判斷《道德經》的年代尚在《莊子》一書之後，《道德經》是戰國晚年的作品。賓四先生以《老子》一書與老子其人分開來考證，既有見地，而考證又很精到，所以不但在國內得到多數學者認可，在國外也得到許多學者的支持與採納。賓四先生《先秦諸子繫年》最大的貢獻，非但把先秦諸子的年代都考訂了，而且改造了《史記．六國年表》，使戰國史有了一個新的面目。」

何佑森兄也說得好。他說：「《（先秦）諸子繫年》無疑是一部學術史，這是錢先生自謙而沒有說出的話。《（先秦）諸子繫年》的價值可以說不讓古人。善讀此書的人，假如能對書中所考證的有關諸子生平、出處、師友的淵源，以及學術的流變先有一番通盤的認識，然後再讀諸子書。假使能以《（先秦）諸子繫年》作為根柢，着眼於學術的流變，拋棄專家之學的成見，邁向通儒之學的大道，相信將來必然會出現一部有益於中國文化的古代思想通史。」實在是一番語重心長的肺腑之言。

寫到這裏，加插一段佳話。先生掌新亞初期，香港大學中文系主任為英籍林仰山[18]先生。林氏期間曾多次勸說先生去港大任教，待遇比在新亞何止倍增，簡直有天淵之別。然先生抱持艱苦辦學之理想，不為厚利所動。而林氏之所以推重先生，由於其父曾在中國北方傳教，林氏幼年在華習漢字。抗戰期間，為日寇所捕，繫於獄中，林氏每日在獄中以研讀《先秦諸子繫年》作為消遣。遂對先生萌生敬仰之心。

港大卒將此書再版，亦出林氏之意。

另有柳存仁教授者，為錢師執教北大時之學生。柳先生當時執教於香港皇仁書院，聞農曆元旦以謄抄先生所著之《（先秦）諸子繫年》一書為樂。蓋當時港大尚未將此書再版，謄抄以作參考之用，亦學壇之佳話。

《劉向歆父子年譜》與《先秦諸子繫年》二書，固然為先生早年撰成不朽的經典之作。但先生此一時期之其他著作亦並非無可述者。如《周初地理考》一書，成書於一九三零年，距今已有六十年。此書在當時亦為先生之創見，一直未有人加以駁議，亦未有人加以闡發。但八年前的春天，許倬雲教授[19]返台北，面告先生彼曾把所搜集大陸近數十年來新出土諸銘文詳加考訂，證實與先生《周初地理考》中所言一一吻合。先生早年之推斷乃成定論。其治乾嘉考據訓詁之學，功力之深有如此者。先生聞之大喜，更盼望自己其他撰著，他年續有得臻定論，真是中國文化之幸。

第二時期：先生此一著述時期，可分兩個階段。首先在北平四間大學（北大、燕京、清華及師大）授課時，自一九三零年秋至一九三七年冬離平南下為止。下一階段則自八年抗日戰爭爆發開始直至勝利為止。先生此一時期之主要著作有：《老子辨》、《先秦諸子繫年》、《中國近三百年學術史》、《國史大綱》、《史記地名考》、《教育與文化》[20]、《清儒學案》、《中國文化史導論》，《政學私言》、《湖上閒思錄》[21]等。並續寫有關中國文化及宋明理學之論文多篇，發表於學術刊物。

先生此一時期之著述，特別引起學術界重視者，厥為一九三九年出版之《國史大綱》。此書之成，有一段故事。有先生西南聯大同事陳夢家教授[22]，屢勸先生為中國通史寫一教科書。先生當初推以「材料太多，所知有限，當俟他日仿趙甌北（即趙翼）《廿二史劄記》體裁，就所知各造長篇暢論之」。但陳氏力勸先生「不可為一己學術地位計，當為全國大學青年計，為時代急迫需要計，先成一教科書，國內受益者當無可限量。」如此者再，先生才允所請，遂卜居宜良，以每星期之一半時間閉門寫作，其餘則去昆明聯大上課。先生在北平任教時，已有五六冊通史隨筆，抗戰時到南嶽、蒙自等地陸續添寫，全書編寫完成，時為一九三九年一月，是年先生四十五歲。先生作是書之動機與宗旨，自言道：

「余又懼世之鄙斥國史，與夫割裂穿鑿之業者，必將執吾書之瑕疵，以苛其指摘，嚴加申斥，則吾書反將以張國史薄通業者之燄，而為國史前途之罪人。抑思之又思之，斷斷無一國之人，相率鄙棄其一國之史，而其國其族，猶可以長存於天地之間者。亦未有專務於割裂穿鑿，而謂從此可以得我先民國史之大體者。繼自今國運方興，天相我華，國史必有重光之一日，以為我民族國家復興前途之所託命。」

明乎此，則知《國史大綱》自有其獨特之史學精神，亦自有其獨特之春秋筆法。茲且舉一例，以概其餘。該書交給上海商務印書館付印後，久不聞此書出版。查知審查處批示需改洪楊之亂為太平天國。先生答辯曰：「孫中山先生以得聞洪楊故事，遂有志革命，此由中山先生親言之。但中山先生排除滿清政府，創建中華民國，始是一項正式的民族革命。至於洪楊起事，尊耶穌為天兄，洪秀全自居為天弟，創政府稱為太平天國，又所至焚毀孔子廟，此斷與民族革命不同。前後兩事絕不當相提並論。」審查處得此函，乃批示可照印，但已遲了半年出版。《國史大綱》對國人之貢獻，正如糜文開先生所說：「是向一輩鄙薄本國歷史文化者提供真相，使知我民族文化偉大精神之所在，有如甘地在印度所起作用一樣，是激發了民族的自信心。」這番話，也即是先生所有著作的一貫精神所在。

至於此一時期之《中國近三百年學術史》（一九三七年出版）可說是《劉向歆父子年譜》的姊妹作。此話怎講？因康有為是經今文學家的公羊學派，著《新學偽經考》推論古文經皆劉歆偽撰。「《劉向歆父子年譜》是給康氏《新學偽經考》以有力的駁斥。」而《中國近三百年學術史》出版後，「更將康說的謬誤予以直接的批判。於是各大學抱殘守缺的經學講座在無形中撤除。但是《中國近三百年學術史》更大的作用，在針對當時北方學風僅知材料考據，號稱以科學方法整理國故的流弊予以糾正，提示了治學貴在融會貫通，治學術史最要注意學說本身的生長演變的新途徑。」（糜文開先生語。）

第三時期：先生此一時期是以思想與學術通論性的著作為主。亦可分為兩個階段。前期是自一九四九年到香港，直至一九六七年九月止。其間先生只去過馬來亞大學不足一年；後期是先生於一九六七年返台北定居以迄於一九九零年八月。前期之著作包括《中國人之宗教社會與人生觀》、《文化學大義八講》、《中國歷史精神》、《莊子纂箋》、《中國歷史精神七講》、《文化學大義》、《中國歷代政治得失》、《中國思想史》、《國史新論》、《宋明理學概述》、《四書釋義》、《人生十論》、《黃帝》、《陽明學述要》、《中國思想通俗講話》、《秦漢史》、《莊老通辨》、《學籥》、《兩漢經學今古文評議》、《湖上閒思錄》、《民族與文化》、《中國歷史研究法》、《史記地名考》、《中國文學講演集》、《論語新解》、《中國歷史》[23]。

上述各書，除《中國歷史》香港多間中學採用外，其他著作分別在香港、台北兩地出版，有的是在國內撰成，在港台出版或再版者，如《史記地名考》、《黃帝》、《莊子纂箋》。如《兩漢經學今古文評議》中，便收入〈劉向歆父子年譜〉一文；主要是在港台兩地、在新亞或受各學術機構或社團政府部門邀請而根據講演稿而編纂成書者，如《中國歷史精神》、《中國歷代政治得失》、《中國思想通俗講話》、《中國文學講演集》、《中國歷史研究法》等書均是。其中《中國歷史研究法》共分八講，由當時香港孟氏圖書館（今中山圖書館前身）邀請主講，由筆者記錄，經錢師潤飾後出版。今已在兩岸三地再版多次。

至第三時期之後期，從一九六七年冬起，以迄於一九九零年，先生定居台北。在台出版之著作有《中國文化十講》、《中國文化叢談（一）（二）》、《朱子新學案》、《中國文化精神》、《中國史學名著》、《理學六家詩鈔》、《孔子與論語》、《孔子傳》、《靈魂與心》、《八十憶雙親》、《師友雜憶》、《中國學術通義》、《孔子傳略》、《論語新編》、《世界局勢與中國文化》、《中國學術思想史論叢（一）（二）》、《古史地理論叢》、《中國學術之傳統與現代》、《中國通史參考材料》、《雙溪獨語》、《晚學盲言》等書。

先生在台北，除了每週末下午為文化大學的碩士博士班講課外，其他時間與精神均集中於研究著述，故著作比前期更豐，義理也更精純，這是由於前期的十餘年中，要處理新亞書院及新亞研究院校務，人事應酬也較平常為多，不少著作是由講稿編成，能出版二十多種著作（有的在國內已完成），實屬難得。但後期在台北，雖然有的書是把早年發表於國內各學術刊物之論文所編成，如《古史地理論叢》乃編集《楚辭地名考》、《周初地理考》、《史記地名考》等書或論文而成；《中國通史參考材料》乃先生在北大及西南聯大等校講授中國通史時之筆記隨錄，亦即《國史大綱》的原始材料。為楊聯陞[24]教授一直所保存至今的一份碩果僅存的通史材料；又如《中國學術之傳統與現代》一書，乃集早年《學報論文》、《理學三書隨劄》、《朱子四書集義精要隨劄》、《周子通書隨劄》，及《近思錄隨劄》而成。對中國古人為學之宗旨趨向，分野門徑、別從一新角度加以闡述。又如《中國學術思想史論叢（一）（二）》冊，亦是輯錄自大陸歷年所發表之論文。其中亦有批評多位時賢學者，於糾謬匡正，亦大有裨益於學術界。

然此一時期，乃先生思想融會貫通、已臻於圓熟大成之期。所論已不囿限於經學、諸子學、史學或乾嘉考據之學了。如以年次先後來分，則七十七歲完成《朱子新學案》；七十九歲完成《雙溪獨語》；八十歲完成《八十憶雙親》；八十八歲完成《師友雜憶》；九十二歲完成五十萬字之《晚學盲言》。先生以如此高齡，在病目之情況下，尤完成如許巨著，誠為歷史上前無古人之紀錄[25]。

義理考據辭章不可偏廢

《朱子新學案》這部五大冊的巨著，現在連中國大陸也已出版了。這部書的價值，正如何佑森兄所言：「從題目看，似乎講的是朱子思想及其學術，當我用心讀畢這一部書之後，固然認識了朱子之言，同時發覺到，著者連帶地解決了朱子卒後七百七十年間學術思想史上爭論不休、疑而不決的一些重要問題，錢先生用理氣一體渾成的道理，解決了學者理氣二元或一元的爭論。……又用心性一體兩分的道理，打破了思想界程朱與陸王的門戶之見。」此一評論，深中肯綮。筆者亦覺得先生數十年來，他做學問的一貫宗旨，就是要把經學的今古文經調和，要把漢學與宋學調和，要把程朱與陸王調和，要把義理之學與考據之學調和，而鄙視那些關起門來自己稱霸稱王的、狹隘的、排除異己的、有門戶之見的那輩所謂學者們。記得有一次先生曾説：「《論語》、《孟子》任誰都可以讀，孔孟之道任誰都可以傳；讀得一句是一句，知道一點是一點，千萬不可以有門戶派別之見。」先生自謙地説：「余自幼為學，最好唐宋古文，上自韓歐，下迄姚曾，寢饋夢寐盡在是。其次則治乾嘉考據訓詁，藉是以輔攻讀古書之用。所謂辭章考據訓詁，余之能盡力者止是。至於義理之深潛，經濟之宏艱，自慚愚陋，亦知重視，而未敢妄以自任也。」其實，我們固然未能盡讀先生過去大半個世紀以來的全部著作，即使只讀其中部分，便可確知先生服膺着清儒姚鼐惜抱，戴震東原所倡導的義理、考據、辭章當兼顧而不可偏廢的誓章。

綜上言之，先生既生有匡時救世的心術，亦具備明體達用的學識。在著述上，既能綜貫百家，上下千載，評考其得失之故；又能斷之於心，筆之於書。尤為可貴者，先生那種浩浩乎闊大的胸襟，恢宏的器量，不斤斤拘囿於一家一派之間，稱為一代大儒，足可當之無愧。

錢穆先生軼事——紀念錢穆賓四先生逝世一週年

（原刊於一九九一年十月《大成月刊》）

錢穆賓四師一九九零年八月三十日逝世，倏忽已是一週年，但先生之聲音笑貌宛如仍在眼前，使人不勝懷憶，僅將記憶所及，縷述先生生平軼事數則，以表悼念之意。

「七房橋」名稱的由來

先生的家族世代書香，曾祖父鞠如公是舉人，祖父承沛公是秀才，常為鄉里仗義執言，排難解紛。先生擅長吹奏簫笛；長兄摯擅長笙和琵琶；其六弟錢藝亦能演奏幾種樂器；八弟錢文則是拉胡琴的高手，每逢寒暑假期，晚飯以後，在太湖之濱嘯傲徑旁的廣場上，樹蔭之下，兄弟們來一個國樂大合奏，悠揚悦耳的江南絲竹，吸引了四圍的左鄰右里，齊來欣賞，其樂融融。

先生一九五三年講中國經濟史，講到清末的人口時，便講到他的故鄉無錫七房橋的演變過程。先生無錫的家鄉七房橋這個村子，原先只有一戶人家，幾代以來，一直都是單丁相傳。迨到洪楊之亂以前，有一位祖先娶了一位富有的妻子，他三十多歲時病了，妻子要他靜居室內，不可外出，並悉心為他調理疾病，三年後果病癒。

而其妻此時已信佛吃長齋而出家了。但為了「不孝有三，無後為大」，這位出家的妻子在三年中已物色了三個女子讓他納妾，並能服侍丈夫，結果生了七子。先生是大房，為七房中的一房。便命名此村為七房橋。當時欣見五代同堂。七房中有的子孫繁衍眾多，有的人丁稀薄。七房共有十萬畝田產，幾代相傳以後，人丁少的一房可分到七八千畝田地，人丁多的一房，經過幾代相傳，每一戶只能分到幾十畝田地而已。七房橋在當地是出名的，其外有一條河——嘯傲涇。旁有磚砌的廣場，四周林木葱鬱，人丁少的幾房相當富有，生活因此懶散而舒適，有打麻將的，有抽大煙的。夏夜時七房橋的子弟們在廣場上乘涼密密麻麻的，阻擋了大路，使外人無法通過，也造成了七房橋的名氣。

先生個子不高，但走起路來步履沉實而穩健。程兆熊[26]先生對先生的走路有一節生動的描寫，道：「我們對錢先生有一個大大的發現：就是不論在如何樣的車水馬龍的香港或九龍的馬路上，錢先生橫過着馬路，總是若無其事地一步一步地走着。有時汽車衝過來的喇叭之聲大作，我們為他急煞，他仍是若無其事地一步一步的走着，汽車衝來，見之未見，喇叭之聲，充耳不聞。可是他又並不是在那裏想甚麼，他只是一切不理會，只是一步一步走。當他穿過了馬路，我們問他時，他只是笑一笑。他儘是有情趣，他儘是有定型。在諸位老先生中，我們發現他的走相最好。熊老先生（十力）則坐相最好，一坐坐得穩。只不過他走起路來，卻總令人感到過於輕逸，不免有魏晉人的味兒。梁漱溟[27]先生在和你談話用思想時，那一種想得透頂，想得深湛的情態，也是誠不可及。只不過他走起路來，卻總令人感覺到不免急促，竟像是遑遑如不可終日，衰世之意，亂離之情，在他的步法裏，更是急急地呈現出來。至於錢先生的走相，則全是太平相，盛世相，和行得通的相。為了這個緣故，我們有時會對他説，他必將走入廊廟，必將得其高位，必將獲其高壽。」程先生寫此文時，先生還是花甲之年。程先生的預料，今已一一應驗，知人之明，可謂神奇。

一九四九年十月，亞洲文商學院（新亞書院前身）創辦於九龍偉晴街時，據校友唐端正兄的回憶説：「錢先生在當時真可謂是食宿均無定所的，有時就買些麵包回來吃；也常常和我們一起吃。和我們一起吃時，他往往給我們錢買鮮蝦來加菜，飯後也常請我們吃香蕉。一次，我因在外面教書，遲了回來，同學們也忘記留菜給我。錢先生也因為回來得較遲，自己加了些菜正在那裏用膳，看見我回來，便把自己的菜分了一大半給我。我當時只覺得一陣家庭溫暖。在那狹窄的宿舍裏，錢先生常常在那裏踱來踱去，他的心情常是沉重的。也許因為精神上刺激太大了，而日間又往往疲於奔跑，曾經在一連幾天的晚上，我被錢先生囈語所驚醒。」這就是先生創辦新亞書院前後的艱苦情形。生活是簡陋的，擔子是沉重的，前路是遙遠的，真如先生所撰的校歌中所謂：

「手空空，無一物；路遙遙，無止境。亂離中，流浪裏，餓我體膚勞我精。艱險我奮進，困乏我多情，千斤擔子兩肩挑，趁青春，結隊向前行。珍重！珍重！這是我新亞精神。」

從這段記述中，正道出了先生對同學的關懷與愛護。

一九八八年暑假，先生九十四歲時，傅世亨[28]兄初次來台。我帶他去素書樓拜訪他老人家與師母。世亨兄是上世紀七十年代畢業的，於篆刻書畫造詣均佳。但那時先生已離開新亞。到了錢府，作了簡短介紹以後，世亨兄與師母談天，我拿着世亨兄的書畫篆刻集走到先生座椅旁坐下。先生把我呈獻給他的篆刻集逐頁逐頁的翻看一過，口裏說：「其實我是看不見了。不過，新亞藝術系能出這樣一位校友倒是很難得啊！」回憶先生當時辦新亞時，稍後才增設藝術專修科。首先請來協助建科的是陳士文[29]、丁衍庸[30]兩位教授，後來才正式成立藝術系，當時創辦該系確實不易。此時先生雖已離校，但關心校友們的課業與成績則始終如一。

兩副對聯一篇銘文

先生平時講課，常常提到曾文正公善作對聯，甚為欣賞。他自己平日也偶作一二聯，或供友好同賞，或作賀年春聯。我們每年去拜年，無論他當時住在九龍鑽石山西南台寓所[31]，或沙田萬佛寺旁的和風台，在大門口必定張貼他老人家自撰自寫的春聯，可惜我們沒有抄下來，不然起碼有十副以上。現在總算找到兩副，一副是春聯，先生是配合當年時事而作，聯曰：

世局如五里霧，行一步，見一步，注意應從腳下；
人心是一線天，暗當頭，亮當頭，光明即在眼前。

此聯中有「行一步，見一步」句子，與廣東話中「見步行步」俗語字義均合。

還有一副難度相當高。一九五六年元旦，先生在香港赴某牙醫診所被醫好了牙病，便贈以對聯一副，聯曰：

四海知名習鑿齒，
每飯不忘齊易牙。

沈燕謀先生見而讚道：「錢師此聯是用古人名而當虛字意義者，佳聯也。」先生能找出中國歷史上有名的大人物，並且名字中有「齒」、「牙」兩字；再加上「習鑿齒」與「齊易牙」對偶工整，極具巧思，的確是難得之作。

五十年代，新亞書院得美國雅禮協會資助建新校舍於九龍農圃道，依照傳統慣例在奠基典禮時要埋藏鐵函於地下。這鐵函於一九五六年一月埋下，其中包括《孝經》、《大學》、《中庸》、《論語》、《孟子》、《老子》、《心經》、《金剛經》與英文《新約聖經》及當時錢幣和報刊等十七種，先生並親書銘文於中華民國完整地圖之背面，並有全校師生題名。銘文曰：

四五孟春旬又七，
新亞奠基埋置此。
後有發者考往跡，
所南心史等例觀。

鐵函中的九種書籍，雖然可能也有別的校董或教授參加了意見，相信主要是由先生選定。其中沒有選入《莊子》，使我詫異。先生在大學時曾開過「莊子」這門課，卻沒有開過「老子」。先生心目中，至少是莊老並重。[32] 先生曾說：「今日人人當必讀《論語》、《孟子》、《莊子》、《老子》四本書。姑名之曰『新四書』可也。中國人之道理，萬變不離其宗，均包含在《論語》、《孟子》、《莊子》與《老子》四本書中矣。」先生又說：「莊子不但是曠代哲人，又是絕世大文豪。其思想高，文學亦高。」可見先生對莊子之重視，決不下於老子。鐵函藏書九經，筆者鈔自沈燕謀先生之南邨日記，燕老寫作謹慎，決不會漏記如此一部巨著。思之恐是鐵函體積有限，又要包涵各類文物，《論》、《孟》兩書絕不可少，《孝經》、《學》、《庸》三書體積很薄，朱子所定四書放入自無問題；而先生所擬「新四書」，只好把體積較大的《莊子》割愛了。放基督教聖經而不包括《舊約》，恐亦此意。

先生在新亞時期，不但主持校務，而且所開設的課程，並不比一般教授為少。

計先後所教課程有「論語」、「孟子」、「中國通史」、「莊子」、「秦漢史」、「中國經濟史」、「中國社會經濟史」、「中國文化史」、「中國思想史」、「中國文學史」、「詩經」、「韓（愈）文」等。艾一校友曾說：「他述說目前青年對歷史觀點的錯誤，他說的是那麼幽默而激昂，一陣陣的笑總充滿了教室，但笑過了之後，我們細細地回味着他的話是如此的沉痛，同學們的眼圈紅了。」文風校友也曾描述過先生上課時的神情，道：「錢先生講學的時候，全神貫注，有聲有色。如講《莊子．逍遙遊》一篇時，他所表現的姿態與神情，真是大鵬逍遙於空際之氣象。扮演之貼切迫真，使人的心神也隨之而遨遊。」順便提到先生在北大上課時，由於聽眾多，要用禮堂作課室。當時聽過他課的詹耳先生說：「賓四先生給我的第一個印象，是小小的個子，可是講起中國歷史來，見解新穎，史實的援引，尤左右逢源，歷歷如數家珍。每堂下課後，同學們總不約而同地問：『那小傢伙是怎麼的？』」語氣之間，是讚嘆他對中國歷史的見識淵博。

適應美國生活有法

一九六零年時，先生應聘去美國耶魯大學講學，他當時開了三門課：「國學概論」、「先秦諸子」與「國學座談」。選讀的除了耶魯研究院研究漢學的美國學者，還有在美國各大學教書的中國學者也去報名聽講。先生講中文，需要一位博古通今、學貫中西的學者擔任翻譯工作，這一重任正好落在於耶魯任教的李田意[33]教授身上。

李田意先生當時已是名教授，但他對先生始終執弟子禮。先生當時笑稱：「六個月來，他從來沒缺過一堂課哩！」引得當時在課室的聽眾都笑了。

先生當時在耶魯擔任每週一次（兩小時）的「國學座談」，是以座談方式進行，臨時由大家自由點題，由先生即場主答，隨即提出問題討論，這是很考功夫的。這堂夜課中談及的題目包羅萬有，文學、藝術、思想、歷史、人生、時事……趙浩生[34]先生說：「如果有一天，我們之中有一位能把他的講堂筆記整理出來，也許可能是一冊與《論語》有同樣價值的文選。」先生這一年還接受了耶魯的榮譽博士學位。典禮中，耶魯大學校長葛禮斯渥博士對先生的頌詞全文是：

「錢穆先生：你是一個古老文化的代表者和監護人，你把東方的智慧帶出了樊籠，來充實自由世界。你是新亞書院的創辦人和校長，在教育的共同事業上，耶魯是你的同志和擁護者。耶魯大學鑒於你個人的聲望，和你在學術上的成就，特授你榮譽文學博士學位。」

耶魯大學校長用英文宣讀上述頌詞後，再由李田意博士用中文宣讀，耶魯的歷史上，頒受學位時以接受學位者的本國語言宣讀頌詞，還是破天荒的創舉。耶魯對一位中國學者的殊榮與尊敬，使當時參加典禮的中國人格外感到興奮。

先生在耶魯上課時，多是先摘下他那頂棕色禮帽，然後脫下他的厚絲棉袍，裏面又是一件藍色的中國大褂，這種把長袍當大衣的穿法，趙浩生先生形容這是以純中國方式來適應美國生活，引得當時的中國友人都笑了。

先生一生中曾遇到過一次大災難，發生在一九五二年四月十六日那一天，先生在台中淡江英專的大禮堂，他當時是應聯合國中國同志會的邀請，作公開學術講演，講題是「唐宋時代的文化」，正當講演結束，再作半小時的自由發問討論時，講台屋頂上有長方塊水泥突然塌下，聽眾中柴春霖[35]先生傷重不治，而先生的傷勢嚴重，頭部流血過多，而陷入昏迷狀態。這一消息引起港九台灣文化教育界的震驚而惴惴憂懼，深以先生的健康為慮。那次先生由香港赴台有三個原因，一是台中地方人士願意捐出一大規模校舍和經費，在台籌辦一間以文史為主體，以人文主義為理想並以發揚中國文化為使命的新亞書院分院；其次是為香港新亞書院籌募經費；第三是台灣各方面給他預排的一連串講演節目，從先生到台直至發生意外那天止，近四個月時間，幾乎每天都要作學術講演。四月十六日正是預定講演的最後一次，竟遭巨禍，幸而吉人天相，在醫生和友人悉心護理之下，經多個月治療，逐漸康復。先生時年五十八歲，自謂乃生命中最值紀念之一日。

先生是次重傷時，大家對這位國學大師十分關切，台灣有許多青年跑到醫院要求給他輸血；有許多聽講的青年當時痛哭失聲；港台文教界及社會人士莫不關注他的不幸受傷。證明先生個人是如何地受中國社會的景仰和重視，也證明大家對中國文化理想的重視。

獨得的吃香蕉方法

我作了一個小小的統計，就我所見者，海內外人士，先生的學生或友輩，對他有二十多種不同的稱呼，計有：「一代儒宗」（張曉峰、李煥等[36]）、「鴻儒碩望」（俞國華[37]）、「大宗師」（張佛千[38]）、「博大真人」（余英時）、「一代通儒」（何佑森）、「史學大師」、「教育家」（《民主評論》編者）、「中國文化的舵手」（楊遠）、「國學大師」、「新亞書院創辦人」（趙浩生）、「偉大的愛國者」（唐端正）、「苦鬥出來的英雄」（台大文學院施肇錫同學）、「偉大的學者」、「史學界的權威」（糜文開）、「我們的家長」（筆者）、「東方文明護法的號角」、「披了傳統文化袈裟的大師」、「歷史上的大師」、「思想家」、「人文主義的推行者」、「護衛傳統文化的復興運動者」、「新文藝復興運動的大師」（葉允懇）、「小傢伙」（詹耳[39]，對一位學者或教授，大家給他這麼多語帶讚譽的稱謂，也可能是破紀錄了。

近二十一年來，先生身在台北，心存香港，對新亞還是念念不忘的。記得先生九十五歲來香港參加新亞書院四十週年校慶，在茶會中林聰標院長邀請先生一百歲時再來香港參加新亞四十五週年校慶，也為先生一百歲壽。先生微微搖頭，低聲說着：「那是不可能了，如果人死了有靈魂的話，我是會回來的。」此話使聽者都為之傷感，但先生對新亞之深情，於此可見。

先生能獲致高壽，九十六歲，世所罕有。師母在日常生活上悉心照料固然是重要之原因。同時先生平常飲食起居有規律，並注意運動，這可從數方面證明之。先生家居，亦不離運動，某次去沙田和風台，見先生在長廊打太極拳；有時去謁先生，則見先生一面談話，一面在客廳中繞室以旋；近日見先生致羅慷烈教授函，書信中提到先生曾購用「步行計算器」，似為日本出產，頗為好用。勸羅先生亦購用。先生又喜靜坐，一日，有校友雷一松去其鑽石山寓廬拜訪，師母告以「先生正在靜坐中，請稍候。」先生在《師友雜憶》中記述曰：「憶某一年之冬，七房橋二房一叔辭世，聲一先兄與余自梅村返家送殮。屍體停堂上，諸僧圍坐誦經，至深夜，殮者皆環侍，余獨一人去寢室臥床上靜坐。忽聞堂上一火銃聲，一時受驚，乃若全身失其所在，即外界天地亦盡歸消失，惟覺有一氣直上直下，不待呼吸，亦不知有鼻端與下腹丹田，一時茫然爽然，不知過幾何時，乃漸恢復知覺。又知堂外銃聲即當入殮，始披衣起，出至堂上。余之知有靜坐佳境，實始此夕。」先生尤喜天台宗小止觀的靜坐法。[40] 久習之後，旁人已經能看出他是「靜坐有功」之人。

其次，對先生來說，中藥可以長生。先生晚年已經少進飯菜，每天賴以維生者是用數十種中藥煎熬成的膏汁及牛肉湯，但與牛肉湯同燉的是黃芪、牛膝等藥材，可見中藥有益。

先生喜吃活魚，不活的寧可不吃。這是先生在《師友雜憶》中提及的。有一次，先生來香港，正值九十大壽。新亞校友設宴為他祝壽，我順便問起先生最喜歡吃甚麼，先生答以「我喜歡吃魚翅」。聽後內心頗感歉然，因先生晚年每次來港，我們設宴歡迎他好像都不設魚翅。

至於水果，當時沒問過先生喜歡吃哪一種。但據沈燕老的日記中記載，先生某年自台北返港，謂「友人曾告以常食木瓜，白髮可漸變黑。」先生試之頗效。想必是常吃木瓜。

某次先生談及，一隻香蕉可抵得上一碗飯。先生吃香蕉必先盡剝其皮，以手橫持蕉肉啖之，初頗覺奇異。因平常我們吃蕉都是先剝去一半皮，用手握着有皮部分。其實，想深一層，是先生的方法對。譬如吃蘋果，那有削一半皮，而一半不削？又如吃橙，那有先剝一半皮而另一半不剝？必先盡去其皮，然後拿着吃。如謂手或有不潔，那理當先洗手而後食。有一次我在遠足途中，剝開香蕉一半用手拿着吃，走不幾步，香蕉受震動斷裂，半條跌在地上，深覺可惜。才猛然想起如用先生的握蕉方法便萬無一失。即連先生的生活小節也有值得學習之處哩。

先生軼事，拉雜寫來，已數千言。茲錄輓聯一首，以作本文之結尾。

天地鴻濛，兩手空空，肩道以立新亞，三千里地孤島；

海空寥廓，九疇寂寂，為師而宗孔子，五百年後一人。

新亞書院校友會全體學生拜輓

錢穆賓四先生淡薄名利的一貫風格

（原刊於一九九四年八月三十日台灣《中央日報》）

錢穆賓四老師病逝於一九九零年八月三十日，倏忽已經四年，今年正值先生百歲冥壽紀念。緬懷當年老師在新亞書院及新亞研究所辦學開課的時節，他的諄諄善誘，他的聲音笑貌，歷歷如在目前。及至他老人家辭職新亞，定居台北，每年去拜謁他，他總是以要我多讀書多做學問為鼓勵，現在想起來，感覺萬分汗顏慚愧，為甚麼當時不多讀一點書，多向老師提出一些疑難問題呢？

師恩浩蕩，無法用我這枝禿筆訴說得盡。現在根據賓四師逝世後，其友人弟子在報刊上所發表的悼念文章，姑且歸納記述於下，作為賓四師百歲冥壽的紀念。雖然以下所述仍難免掛一漏萬，但也聊盡一片愧悔的心意。

先生上課認真有教無類

（一）**教學認真**：賓四師認真教學的態度，是他在國內大學授課時的一貫傳統教學態度。正如李埏[41]先生所說：「賓四先生上課，從未請過一次假，也沒有過遲到、早退。每上課，鈴聲猶未落，便開始講，沒有一句題外話。特別給學生們感受最深的是，他一登上講壇，便全神貫注，滔滔不絕地講。以熾熱的情感和令人心折的評議，把聽講者帶入所講述的歷史環境中，如見其人，如聞其語，永遠留在我們的腦海中。」

有時，賓四師下了課，走出課室，本來該回去休息了，但同學們仍追隨着，圍繞着，他仍是誨人不倦地解答着疑難問題。李埏先生在〈敬悼先師錢賓四先生〉一文中繼續道：「每當下課，一些高年級同學陪着先生邊走邊質疑、請益，我也跟在後面側耳而聽，在這種時候，先生不僅解答疑難，而且還常常教人以讀書治學之方。一天下課後，質疑的人不多，我便鼓起勇氣，上前求教。先生誨人不倦，……這天，因話未講完，便不雇車，徒步沿林蔭道邊談邊走，一直走到西單……不久，我到北京大學去訪友。談起賓四先生的教誨，那友人說：『我們北大有所謂「歲寒三友」，你知道嗎？所謂三友，就是錢穆、湯用彤和蒙文通[42]三位先生。錢先生的高明，湯先生的沉潛，蒙先生的汪洋恣肆，都是了不起的大學問家。』」從以上所摘錄的兩段話，足見賓四師認真教學的一斑。

（二）有教無類：賓四師不但在課室裏教學認真，希望每一位學生都能成材。即使校外人士，與他素不相識的，他亦樂於教導。這裏且舉一個例子，已可知道賓四師那種誨人不倦的精神。李埏先生在〈敬悼先師錢賓四先生〉一文中記載了一件軼事，說：「賓四先生有教無類，來拜謁求教的，並不全是聯大學生。據我所見，有的是其他大學的學生，有的是中學教師，有的是在報館、銀行、機關工作的人，有的是讀過先生所著書而未聽過講課的人……多數人是二三十歲的青年，但也有一些年逾不惑或知天命的中年人。對這一切來謁的人，先生是極少問其姓名、職業的。但不論知與不知，先生都一樣和顏悅色地接待，真是一視同仁，有教無類。同時，有些問題也很淺近，殊不必煩先生一一作答。但先生還是認真地解答。因此，我嘗請問：『有些人是慕名而來，欲一瞻風采而已，何以先生也很認真地賜以教言？』先生說：『你知道張橫渠謁范文正公的故事嗎？北宋慶曆間，范文正公以西夏兵事駐陝西。橫渠時年十八，持兵書往謁。文正公授以《中庸》一卷，說：「儒者自有名教可樂，何事於兵？」橫渠聽了，幡然而悟，遂成一代儒宗。可見有時話雖不多，而影響卻不小。孔子說：「知者不失人，亦不失言。」我寧失言，不肯失人。』我聽後感到，先生之所以誨人不倦，是對求教者有厚望、有深意的。」從這件事，可見賓四師教人是毫無倦怠不勝煩之意。

胸懷寬闊豁達不批評人

（三）**豁達大度**：諸宗海先生說[43]：「賓四先生胸懷寬闊，能容忍萬物，不與世爭，唯盡其力，唯求其宜，唯義理是從。」我對諸氏所描述，深有同感。尤其是「胸懷寬闊，能容忍萬物，不與世爭」三句，極為貼切。賓四師在新亞時期，十餘年中，從未聽見有一句批評他人之言，即使某日有某一件事令其不快，他亦是默忍無言，從無怨言。

賓四師也能容納思想見解不同的學者來新亞任教；他所聘用的教授講師或行政人員，並非一定局限於自己的朋友或學生。只要某人學有專長，或有一本像樣的著作，他便毫不猶疑地把他請來。例如羅錦堂先生，他的碩士論文是台大中文系教授鄭因百師指導的，獲得師大的第一位博士學位，也是因百師指導完成。賓四師立即羅致他來新亞中文系任教，後來羅君轉去香港大學任教，賓四師深感遺憾，因為失去了一位未來的中文系主任。

賓四師極為反對門戶之見，也勸學生們不可有門戶派別之見。記得我在新亞研究所任助理研究員時，其中研究的一個題目是有關桐城派古文的。他指導我看書，替我改文章，但他也勸我要去請教當時擔任新亞中文系主任的黃華表[44]教授，也要我去多問問曾克耑[45]老師，克耑師是桐城派殿軍吳北江先生的入室弟子，精通古文詩詞駢文。黃華表先生則專精於桐城派人評論史記，且擁有清人文集最多。這種豁達大度的器量，是心胸狹窄專講門戶派別的學者教授所遠遠及不上的。

（四）懷念舊友：記得新亞書院建校四十週年紀念那年，賓四師特地由師母胡美琦女士陪侍來香港參加慶典。他住在沙田中文大學教授宿舍中，有一天我去看他，他獨自在居處，我陪他談天，主要是談及香港及新亞的近況。他最關懷的是曾與他共事的一班新亞舊同事，已一個一個的先他而去。他特別懷念的如曾任新亞校董兼圖書館長的沈燕謀先生，曾任新亞秘書長的蘇明璇[46]先生，賓四師也已知悉那幾年中王書林先生[47]（新亞秘書長兼哲教系教授）、陳士文先生（藝術系主任）先後病逝，除了沈燕謀年過八旬外，其他的都是七十左右逝世，獨賓四師年逾九旬，昔日同事舊友，幾盡凋謝，談起來唏噓慨嘆不已。

記得當時羅夢冊先生年近八旬，仍在新亞研究所兼任教職，其夫人仍任職新亞圖書館，得悉其收入微薄，不足以維家計，賓四師聞之，雖愛莫能助，但關懷舊友，敦厚待人，於此可見。

淡薄名利婉辭璧還退休金

（五）淡薄名利：當新亞初創時，不但經濟談不上寬裕，有時連學校的水電費都繳不出，教授們的生活艱苦可想而知。當時香港大學中文系主任是英籍林仰山先生，林氏在大陸抗戰時期，曾用心讀過賓四師的《先秦諸子繫年》，早就十分敬佩賓四師的道德文章，屢次請他去港大任教，但賓四師不為高薪所動，堅持要在新亞苦撐下去，終於先後推薦了羅香林先生及劉百閔先生去港大任教。自己甘心過其清苦的生活。

六十年代初，賓四師與新亞領導層意見不合，毅然辭去新亞書院院長職位，有人提議如果用申請退休的方式離校，必可獲得中文大學一筆數目可觀的退休金。但賓四師堅持原則，寧可放棄退休金而辭職離校。這是一般人所不易做到的。

賓四師晚年居住台北市郊外雙溪素書樓，受中國文化大學前董事長張其昀曉峰先生禮聘擔任該院研究生之教授，每週前往素書樓上課。直至一九八六年六月九日，賓四師九十二歲，在素書樓上了正式告別杏壇的最後一課。當時文大董事長已由曉峰先生哲嗣張鏡湖[48]先生接任，致送賓四師一筆退休金，以示尊敬，但亦為先生婉辭璧還。顯示出老師淡薄名利的一貫風格。余英時先生曾說：「錢先生從來不懂得譁眾取寵，對於世俗之名也毫無興趣。」可謂真正了解老師的內心。

錢穆賓四先生百年冥誕感言

（原刊於一九九四年九月十一日《香港聯合報》）

錢穆賓四老師於一九九零年八月三十日病逝於台北，倏忽已有四年。今年適值先生誕生百年紀念，台北郵政總局特別為錢先生出了一張五元面值的紀念郵票。回憶四十多年來，台北除了為胡適先生出過紀念郵票外，此外便是這一次為先生出的這一張了。這是一種殊榮，表示對學者的尊崇。

創辦大專成公立大學

賓四師一九四九年來香港，當時同來香港的學者有張其昀，謝幼偉諸先生，他們已經有創辦一個大專的構想與計劃。不久，由於張、謝諸先生先後赴南洋及台北，因此辦新亞書院的責任便付託給錢先生，先生便約集了曾在廣州華僑大學的趙冰、張丕介、唐君毅諸教授，稍後一些又有余協中[49]、孫祈壽[50]、曾克耑、楊汝梅[51]、陳士文、伍鎮雄[52]、陳伯莊[53]、沈燕謀諸先生一同參加，篳路藍縷，以啟山林。新亞書院於是辦起來了。不久，新亞從最早期的九龍渡船街搬到桂林街，那是得到港商王岳峰[54]的協助而得以把只有四間課室的臨時校舍租賃下來的。早期的新亞經費非常拮据，先生常去台北籌募經費，甚至到台灣中部南部各處講學，幾乎因禮堂屋頂倒塌而喪命。

後來由於張其昀先生的先容，老總統蔣先生每月撥出辦公費四千港元給新亞，直至香港政府資助新亞才停止。

當時香港大學是唯一的公立大學，新亞是最早期的私立大專之一。錢先生對香港的大專教育是有貢獻的。最顯著的便是香港中文大學的成立。當時香港政府鑒於私立大專紛紛崛起，除新亞、崇基、珠海、浸會以外，尚有華僑、廣大、廣僑、香江、華商、平正、華夏、德明、東南等校，於是有意建立香港第二間大學，將所有私立大專全部納入，於是港府派了英倫的富爾敦爵士，與新亞的錢先生、崇基的容啟東[55]先生及聯合的鄭棟材[56]先生，籌備設立第二間公立大學。記得新亞創校四十週年的時候，先生已年逾九旬，他自台北來港參加。他住在中大教授宿舍，高興地對友人們說，中文大學的成立，當時以富爾敦為首的籌建大學委員會採取了他兩點建議：

第一：「香港中文大學」這個校名是錢先生起的。第二：中文大學校長應該由中國人來擔任。於是，中文大學第一任校長是中國人李卓敏先生，就是美國加州大學來的經濟學教授。

這個例子一開，把香港的大學校長例必由英國人來擔任的傳統打破了。於是港大校長也由中國人來擔任了，前有黃麗松校長，今為王賡武校長。至於中大呢？李氏以後，有馬臨[57]校長、高錕[58]校長。現在連科技大學也由中國人來擔任校長了，這不能不說是錢先生的一個創見。當時也曾有人談起，如果不是錢先生有極強烈的愛國主義民族主義色彩，先生也可能是首任中大校長。唐端正兄說得好，他說：「錢先生是個有極強烈的國家民族意識和歷史文化意識的中國人。」這種性格，當然不會受殖民地統治意識比現在濃烈的港府所歡迎。但先生視名利如糞土，是毫不介意的。新亞、崇基、聯合是組成中大的成員學院，雖然當時的珠海、浸會不同意參加，但中大終於由三間成員學院組成，於一九六四年成立了。

淡泊名利婉拒退休金

新亞創辦之頭幾年，香港大學中文系系主任是英籍的林仰山先生，林仰山先生自幼隨父在山東長大，飽受華文教育，他在抗戰時期被日寇拘禁獄中，日以誦讀錢先生的《先秦諸子繫年》作為消遣，對先生的學識十分敬仰。林先生掌港大中文系後，知先生在新亞生活艱苦，多次邀請他去港大任教，都為他所堅拒。當時新亞有幾位教授去港大兼了課，先生連兼課也不肯，寧可在新亞苦捱；並推薦其他教授去港大中文系，這是先生淡泊名利的又一例。

先生離開新亞後，絕大部分的光陰在台北市郊外雙溪的素書樓度過，主要的工作仍是從事研究與教學。部分時間前往故宮博物院作研究工作，一面接受中國文化大學（當時稱中國文化學院）董事長張其昀先生的邀請為文大研究生教授有關中國學術文化的課程逾二十年，直至其昀先生逝世，由其哲嗣張鏡湖先生接任後，一九八六年六月九日，先生在素書樓向文大研究生上了最後的一課。如果不是文化大學要建立新的年老教授退休制度，先生仍是會繼續教下去的。文化大學那時送了一筆退休金給先生，先生也婉拒了，可見先生的清高。事實上，先生那時已九十有二，實在年老了，應該休息了；但先生那時還著書，雖然先生已經病目不能看書，但著書是由先生口述，由師母胡美琦女士筆錄，這種精神實在了不起，年逾九十，還能孜孜不倦地著書講學，恐怕歷史上也不多見的。他一直活到九十六歲與世長辭。他搬離素書樓後，不到兩個月時間便離世了。其中一個原因可能是不太適應新的居住環境。因為素書樓的空氣特別清新。新住處是石屎森林，空氣太悶。我估計，如果先生一直住在素書樓，又在師母的悉心照料下，先生大有可能活至百歲或更長壽。

但不管怎樣，九十六歲是了不起的稀有高壽了。先生是很注重養生之道的。他認為一個人要把學問做好，長壽是必備的條件，他早年曾對學生說，先生從前看錢大昕竹汀的年譜，知道他四十多歲體弱，小便失禁。奇怪他怎麼能有好學問，後來才知錢大昕中年以後身體轉弱為強，活到八十歲左右。近代學者長壽的，像梁漱溟先生，還有馮友蘭，都是九十多歲，但似乎比先生小了一二歲。

做學問嚴謹誨人不倦

先生一生著作不息，誨人不倦，是作為一個老師的好榜樣。他上課從不遲到早退，也不請假。有一次，他因事要到外地一個月，他的「中國文學史」請一位教授代課，記憶中，我在聽十年左右的課中，請假只有這麼一次。先生上課時全力以赴，正如唐端正兄所說：「先生七十六歲時，講起課來聲調鏗鏘，顧盼煒然，連眉毛也是挺秀，有光澤的，真使人有精神煥發、元氣淋漓之感。」

記得先生有一次上「中國文學史」堂時談起與文字學有關的兩個字——「壁」與「錢」。他說有一天晚上睡在床上，一隻腳伸出去時，腳趾觸及牆壁，他就想到這個「壁」字的「辟」，就有邊沿、僻遠之意，壁是屋之四邊，於是逢有「辟」旁的，如「僻」、「避」、「劈」都有此意；他又講到「錢」字，右邊是「戔」旁，便含有小的淺的狹的意思，如「棧道」，當然不會是大馬路，「盞」是小酒杯；「濺」是小的水點，「箋」是薄的紙張，「賤」是指價值不貴，「錢」是貨幣中單位細小的，如五角、一元錢幣，當然不能與百元千元鈔票相比。先生真能從細小事故中

台北郵政推出的錢穆百週年紀念郵票。

徹悟大道理，真是絕頂聰明的學者。使我對大學時沒有學過的文字學引起了很大的興趣。後來聞知先生有一本關於文字學的書，對初學極有益，可惜先生說早年之作，已經遺失。

先生做學問也好，辦學校也好，不主張有門戶，有派別。認為漢學宋學，各有優點，不可偏廢；他聘請教師，也絕無狹隘的門戶觀念，只要某人學有專長，雖非自己學生或朋友，也必聘請，此種豁達大度之風，也是足為我們後輩的楷模，趁着先生百歲誕生紀念，寫了這篇小文，雖不能形容描述先生於萬一，但深信他的愛國精神、學習精神、教誨精神，將永存人間。

註釋

1 王雲五：近代自學成功的一位學者，後來加入商務印書館，共同發揚出版事業。

2 記得一九五三年時，錢師在課堂上講「中國經濟史」時談及，他說：「我於中國文化，甚麼都懂一點，就是對『法律』是門外漢，使我頗感遺憾。」可見錢師是一位全能的學者。

3 梁寒操：廣東高要人，字均默。新亞創辦之初，任教中文各體文習作、公民等課目。一九五三至五四年間，筆者曾修習上述兩課目。後受台北政府召用，在台擔任一廣播電台董事長，梁師精於書法。

4 錢穆賓四師自新亞辭職後，定居台北時，他受張其昀曉峰先生禮聘，擔任文化大學研究所博、碩士生指導教授，每週末下午講課。直至九十二歲。

5 楊遠：新亞文史系早期校友，曾擔任《大學生活》等編輯，亦曾擔任九龍調景嶺時期之信義中學校長，惜英年早逝，年未逾六十而病故。

6 張丕介：新亞創校時的經濟系主任，德國經濟學博士。筆者在解放前之南京，已久聞其大名。其弟子有傑出成就者有郭益耀、孫南、閩建蜀、陳建人、宋敍五諸君，均為大學之知名教授。

7 武訓：清末民初之山東人，出身貧苦，以求乞身體力行而創辦多間學校，因而聞名全國。

8 羅夢冊：國內知名哲學教授，初期亦任教於新亞哲教系，其夫人在羅教授病逝後曾任職新亞圖書館多年。

9 唐端正、梁思樸、劉若愚：三位均為新亞早期畢業校友，唐、梁為哲教系畢業，劉君則為英文系。

10 何佑森：畢業於台灣大學中文系，來新亞多年後曾赴哈佛大學深造兩年，後返台大擔任中文系教授，在台北時與錢師往來頗密。

11 逯耀東：畢業於台大歷史系。第二次來新亞後任歷史系講師，退休後返台，不久病故。

12 錢師所指，殆即人有人文、天有天文之意。

13 先生宣告退休後，仍向台北區學子講學，一九八九年來香港出席新亞書院創校四十週年大會，已九十五歲，向友人宣講「天人合一」之道，則合計已近八十年。

14 施之勉：錢先生常州中學時的同學，當時任福建集美師範教務主任。

15 顧頡剛：江蘇無錫人，北京大學畢業。其做學問路線與錢師大不相同，然顧氏毫不介意，且對錢師十分欽佩。

16 鄭玄：漢代著名經學家。

17 糜文開：糜文開教授夫婦，似在抗戰時期西南聯大錢師之學生。糜氏一九五零年後在台灣大專任教。

18 林仰山：英籍學者，其父為牧師，八年抗日戰爭前在山東傳教。幼年在山東長大，學得一手好中文，抗戰勝利後任職香港大學中文系主任。

19 許倬雲：祖籍江蘇無錫，國際著名歷史學家、現為美國匹茲堡大學歷史學系榮休講座教授、中央研究院院士。著作包括《中國古代社會史論》、《漢代農業》等。

20 此書奉先總統蔣中正先生命而作，惜於一九四二年由重慶運南京途中，在江中沉沒失落。

21 此書二十餘年前曾由香港《人生雜誌》逐期刊登，後由該社出版。

22 陳夢家：浙江省上虞縣人，中國科學院考古研究所研究員，考古學家，詩人。

23 此書共五冊，香港人人書局出版，由新亞研究所三位畢業校友孫國棟、胡詠超、蘇慶彬所撰寫，再由先生校訂，香港各中學採用作教本者數以百計。

24 楊聯陞：早期畢業於北京大學歷史系，可謂錢穆賓四師入室弟子。上世紀五十年代，主管美國哈佛大學中國學術部門，此時余英時教授正是新亞首屆畢業校友在新亞研究所深造之際，哈佛大學來函可派一青年學者前往哈佛深造。錢師本有意派遣余君前往，此時唐君毅教授亦向錢師提出有意前往深造（此時唐君毅教授已擔任哲教系主任及兼教務長）。此事使錢師左右為難，不得已遂將余、唐兩人一併推薦請哈佛擇一前往。終於哈佛選了余英時校友，余君終於完成博士學位，成為楊聯陞教授之入室弟子。此事本無人知曉，乃錢師告知沈燕謀先生，後沈老之日記在其病逝後發表於香港沈葦窗先生主編之《大成》月刊雜誌上，可謂一件軼事。今兩位沈老均已作古，《大成》已停辦多年，其舊刊只能在香港大學等少數圖書館才可找到。

25 錢穆賓四師著作在此文中述其大略，或實有疏漏之處，當以錢師母胡美琦女士所編定之《錢穆先生全集》為準。

26 程兆熊：法國巴黎大學博士，來港任新亞中文系教授。程教授在新亞剛創辦時，曾招募一批新生來新亞就讀，功不可沒。

27 梁漱溟：近代哲學家，錢師在北大歷史系任教時，梁漱溟則在哲學系兼任教授。

28 傅世亨：香港著名書畫篆刻家。傅氏自上世紀七十年代畢業於新亞書院藝術系，師事丁衍庸大師。傅氏畢業後，捨棄高薪厚職，獨自隱居於新界一茅舍，苦練其一心嚮往的書畫篆刻藝術達十年之久，自稱三拙堂主，盡得丁衍庸大師之真傳。尤於篆刻一項，深為丁大師所讚賞。丁大師在日，因忙於授徒及應酬，凡有友好請丁師篆刻圖章者，丁師則常命傅君代勞。所刻功力之深，幾可亂真。上世紀一九八八年時，傅君首次赴台北攜帶其本人之書畫作品篆刻集拜謁錢穆老師及師母時，錢師讚不絕口，以新亞能培養出如此之高材生為榮。跨入二十一世紀，傅氏勤習書畫篆刻，造詣更深，常在兩岸三地多次舉辦其書畫篆刻展，並於歐美英澳各國時有展出，各國及港、台內地收藏其作品者甚多。無愧為丁衍庸大師之首席大弟子云。

29 陳士文：曾留學法國習藝術七年，回國後在杭州藝專任教，為趙無極之老師。上世紀六十年代錢師聘其為藝術專修科主任，與丁衍庸教授合力同心，終於使新亞有藝術系之成立。

30 丁衍庸：早歲留學日本，學成歸國受蔡元培先生所器重，曾先後擔任上海、廣州藝術學院校長，在香港應邀協助陳士文教授創辦新亞藝專，進而成立藝術系，厥功至偉。

31 錢師常稱該處為貧民區，其實該區特多自大陸流亡來港的學者及軍公教人員，記憶中如劉百閔教授（曾任教香港大學中文系）、左舜生教授（曾任新亞歷史系兼任教授）及後來返回大陸的衛立煌將軍等（其女兒衛道蘊為新亞校友），均聚居該區。該村周圍多為田野樹林，空氣較市區清新。

32 先生考證莊在老前。

33 李田意：早年國內大學之錢師弟子，當時在美國耶魯大學任教，順便擔任錢師講學時之翻譯。上世紀末李氏曾來中文大學作短期任教

34 趙浩生：為台北方面前往美國的名記者。

35 柴春霖：為當時德高望重的聽眾之一，為台灣政府的立法委員。

36 李煥：曾任台灣教育部長及行政院長。

37 俞國華：為台灣知名經濟學家，曾任台灣行政院長。

38 張佛千：為台灣知名學者，以擅長撰作對聯出名。

39 當時先生在北京大學任教中國通史等課程，非常叫座，為最受歡迎的三位教授之一。當時去聽講的，不單是選修或必修的學生，其中還有旁聽生、偷聽生、職員或教授。每當北大同學去大禮堂上中國通史時，大家總是提早嚷着説：「走！去聽那小傢伙去。」這裏「小傢伙」是一種暱稱。

40 天台宗小止觀：佛教中有一教派名叫「天台宗」，起源於浙江天台山，創派者為智者大師，為天台山高明寺住持，今仍保留其衣缽於該寺。此宗有一靜坐派別，叫「小止觀」。

41 李埏：曾為雲南大學歷史系教授，中國歷史學家。

42 湯用彤、蒙文通：研究佛學史的權威。湯氏與蒙文通教授與錢師同是北京大學時期的好同事，友情頗篤。

43 諸宗海：錢師執教西南聯大時的弟子。

44 黃華表：廣西人，美國留學，來港後曾在珠海學院任教，後由錢師聘請其為新亞中文系主任，為文宗桐城派及史記、主張大一國文外，需加開大二、大三國文，為錢師所欣賞。

45 曾克耑：名履川，福建人，於詩、詞、古文、駢文、書法無一不精，文宗桐城。為桐城派殿軍吳北江先生之入室弟子。所得薪金全部刊印師友及古人之詩文集。與只説而不做者大異其趣。

46 蘇明璇：在港時曾任美國一機構之秘書，曾協助新亞獲得自美國文化機構之經濟援助。蘇氏之夫人為錢師國內大學之學生，後蘇氏受聘為新亞之秘書長，協助錢師推動校務，為錢師得力助手。

47 王書林：美國留學，專長教育統計學，除於哲教系任教外，還曾兼任校長室秘書長多年，後移民美國。

48 張鏡湖：張其昀之令郎，其昀先生病故後，鏡湖返台繼續接任文化大學董事長。

49 余協中：曾擔任國內多間大學西洋史教授，為余英時校友之令尊。

50 孫祈壽：為新亞桂林街時期之大一英文教授，一九五四年離校移民。

51 楊汝梅：留美博士，其在美時創造會計法則，極為受人推重，曾擔任新亞會計系主任。

52 伍鎮雄：留美碩士，任教新亞經濟系，筆者曾修讀其「實用英文」。

53 陳伯莊：曾任京廣鐵路局長，來港後於新亞任教社會學及大一英文等課程。

54 王岳峰：新亞創校董事。

55 容啟東：時任崇基書院院長。

56 鄭棟材：時任聯合書院院長，後任教育學院院長。

57 馬臨：浙江鄞縣人，父親為香港大學中文系前系主任馬鑑教授。曾任香港中文大學第二任校長，之後創立逸夫書院。

58 高錕：曾任中文大學校長，並榮獲諾貝爾物理學獎。其父高君湘先生，曾任教於新亞商學系。

後記

自從上世紀一九五三年筆者入讀新亞書院後，我每年都會選讀一兩門錢穆賓四師開的課，直至研究所畢業後，及任職研究所的助理研究員及兼任講師時期，大約修讀了八九門課。錢師講授中國歷史的課程，固不用說；他也兼開有關思想或文學的課程，何佑森兄稱他為「一代通儒」，確是實至名歸。

一九五九年我在研究所畢業。我任教協同中學兩年後，一九六一年錢師安排我再回新亞研究所擔任助理研究員；由錢師指導我研究桐城派古文。同年，我經校內招聘考試錄取，擔任新亞大專部中文系兼任講師，直至一九六八年被裁員，同年被裁的還有王兆麟兄及藝術系的吳因明先生。

在錢師辭職前的兩三年裏，我有空亦去旁聽錢師講課。有一門課很特別，那是一九六一年，香港孟氏圖書館邀請錢師去講「中國歷史研究法」，一共八講，每講兩小時。當時校長室秘書徐福均先生通知我擔任記錄，他說是錢師授意的。我樂意接受，此後出書，兩岸三地均有出版，錢師序中提到說：「此一講演集，先由我一學生葉龍君記錄講辭，再由我整理潤飾。」現已出版多次。

關於我的「中國經濟史」筆記，倒真有幾件故事可講。首先，一九五三年秋，聽講一週後，錢師請余英時學長審閱全班的筆記，一共兩次，英時學長除了給分，每次還加幾句評語，大意是必須多看有關參考書，如此說來，余英時不但是我的學長，他也是我的師長了。他是考插班大三進新亞的，錄取前寫中英文作文各一篇，由錢師審閱而錄取。我進新亞時，英時學長剛進新辦的研究所。

錢師請他批閱我們的筆記，等於助教，當然算是老師了。不過只批閱兩次，便停止了。可能錢師考慮到，全班修課的有數十位同學，看畢全班同學筆記是煞費功夫的。既然已經了解了一個大概，也就不必繼續再查閱了，以免影響余先生的精力和時間。不久，余先生成了被哈佛大學挑選的首位新亞赴美深造的青年學者。

今日余學長的成就與在國際學術界的聲譽之隆，大家有目共睹。新亞亦因有了如此出色校友而值得驕傲，而且為母校爭光不少。我因英時學長的鼓勵而更加用心做筆記，在此衷心感謝。

或許有人會問：「你在沒有錄音機的條件下，能把錢先生所講的全部記錄下來嗎？」事實上確是如此。當時沒有用錄音機，卻能把錢師所講全部錄下。原因是：首先我是江浙人士，錢師講的無錫國語，我百分百能聽懂；其次，我唸高小與初中時期，家父標榮公嚴厲督促我勤習毛筆書法，使我今後用鋼筆或原子筆寫筆記特別快捷。更重要的一點是：錢師講述時，左手持着卡片，在講台上緩慢地來回踱着方步，一面慢吞吞一句句吐出來，有時還在黑板上寫上書名人名，甚至還從卡片上摘抄一兩句，因此能把錢師所講全部完整地記錄下來，對我來說，是毫不費力的一回事。

這本經濟史筆記說來大有用處，大概一九六零年間，研究所的余秉權學長忽然跑來向我借閱中國經濟史筆記。我說：「你怎麼知道我有這筆記的？」他說是錢師告訴他來向我借閱的。原來他自美國深造回港，香港大學中文系聘請他為講師，其中要教中國經濟史，不知如何是好，以此請教錢師，遂來向我借閱筆記作參考，一年後也就璧還了。

不久，一位尚在歷史系攻讀的某同學，亦向我借這本筆記，一年過後尚未歸還，經我多次要求，方蒙歸還。此校友深造回港後成就不俗，如果那次取不回來，那我以後亦無法整理排日在《信報》刊載。因當時《信報》社長林行止先生知此稿未經發表，便有意在《信報》刊出，並擬題為「國學大師錢穆講中國經濟史」。全文刊畢後，有兩大出版社要求出版成書，最後由壹出版刊印，分《中國經濟史》上、下冊發行，因該社經理周淑屏君當時正在能仁書院文史研究所攻讀碩士，由筆者擔任指導教授，周君認為出經濟史一類的書較受歡迎，況且是史學大師的講稿。我也欣然同意了。還同時出版了我在《信報》的另一專欄「歷代人物經濟故事」[1]。能仁書院設有高中部、大專部和哲學及中國文史兩研究所，有不少同學想參考的，約莫購用了三、四百本。出版後各大書局均有代售。周君在能仁獲得台灣教育部頒發碩士學位後，便往華中某大學深造博士學位，想早已學成，事業有成了。所幸當時能取回筆記，不然也就出不成《中國經濟史》了。

現在談到錢師講學粹語的起因：先是翻閱錢師講課筆記，覺得其中有不少語意精要，道人所未道者。覺得其中有些意見都是錢師飽讀經典古籍刻苦鑽研所得出的結論，尤其當我讀錢師講「中國通史」的筆記時，有一段述及他很想以類似《廿二史劄記》那樣的體裁，來寫《新廿五史劄記》，或《宋史札記》、《明史札記》一類的書。因為錢師認為此等工作「於後人極有用。」遂啟發了我從錢師多種講課筆記中來尋索其中精要的語句，待積累多時甚至可以滙集成冊。在老師來說，他不願稱「講學粹語」，只願稱札記或劄記，那是錢師的謙虛，但在後輩來講，尊稱粹語也不為過。於是我去函錢師，提出此番意見，錢師同意我先試寫三兩則，如值得的話則可續寫，於是在錢師認可下，自一九六八年中開始，如此兩三年間，寫了一百多條。如果我當時集中精力用心寫，搜索多三幾百條應該不難，可是由於我的疏懶，以為來日方長，不妨慢慢拖長來寫。不幸錢師自一九七八年以後病目，已不能讀寫。但老師病目後，每年我趁寒暑假或聖誕假，總有一兩次去台北拜訪老師。

記得某次我去台北拜訪老師時自責疏懶，不然必定可以多寫幾百條的。錢師卻安慰説：「那不礙事，你仍可趁閒翻閱筆記本尋索，也不必因我不能修改而停止。做學問是為自己的，且以後你來台時，仍可把這些札記唸給我聽，到時我可能會給你一些意見。」就這樣在此後的兩三年裏，每次去台北，我再絡續把整理好的稿讀給老師聽。老師總是説：「這些還可以，溫故而知新，閒時不妨把看，總是有益的。」

其實，老師病目後，仍是口頭著述不停。由師母及秘書筆錄。我擔心老師高齡過於操勞，有礙健康。遂漸漸停了我的讀稿，卻也成了一百四十多條的講學粹語續集。後來在台北《中央日報》副刊排日刊出一二條。這得感謝梅新主編的熱心。

我常閱讀錢師的講學粹語，每次總有啟悟得益，讓我來寫出一些讀後的感想吧！

首先，錢師讀書，他老人家選定一本後，必從頭到尾逐頁讀完，無一字遺漏。這一點，我們應該學習，持之以恆，這是做學問的基本功夫。初做學問，當先以別人之學問為主，如此始有傳統師承。錢師認為如能精讀一書，自能啟發自己之識見聰明。朱子、王陽明和王心齋諸儒，開始時都是只看《大學》一篇。

錢師認為，作為一個史學家，當能著史、考史及評史，錢師就是這樣一位全能史學家，他講上古史，就從農作物的耕種先後，推斷考證年代，作出定論，令人無懈可擊。

至於評史，錢師在講學粹語中提出多位古人著作，何者為優，何者為劣，所評甚多，此不再贅。

至於著史方面，更是錢師的強項。例如他寫《秦漢史》，勸我們與《史記》、《漢書》一同比較參看，便知道《秦漢史》是如何寫法，如何取材了。

又如錢師的《國史大綱》，起初是倣趙翼《廿二史箚記》體例，提出若干大題目，篇幅內容稍加擴大而成。錢師又特別提出，能在寫史中包括考史論史，是最上乘的寫法。

綜上言之，讀了錢師講學粹語，要研究中國歷史，是一定可以得心應手的，同樣，要做文學哲學方面的學問，何嘗不是如此。

錢師還提醒我們，做學問可以有不同門戶，亦可以有不同研究領域，但決不可有門戶之見，且文、史、哲各有不同之門路，但仍可互通共濟。凡有門戶之見，又固執以為互不相通，則成為陋儒小人之見矣。

一個有相當知識水準的青年，如中學生，大學生則更好，便可走上一條自修做學問之路。錢師自述並無師承，而是自修韓愈、歐陽修古文而進入做學問之途。錢師在講學粹語中教導後輩青年，如欲自修有成，則「讀古經籍不如讀姚鼐《古文辭類纂》較易得益。」又如「自進修陳蘭甫、章實齋、顏習齋諸儒之書，再循此上溯，始不為嫥嫥於考據之業者所拘。」錢師主張做學問是義理、考據、辭章三者並重的。

其實，一個人做學問，正如錢師所說，最好是「須尋脈，有師承」，那做起學問來，比自己去暗中摸索要省時省力多了。錢師有這麼多著作擺在我們面前，他就是我們最好的路脈，也就是我們最好的師承。為了貪圖方便，我們隨手拈出一條講學粹語來說。錢師說：「自歸熙甫而錢牧齋而黃黎洲，文章一脈相傳，惜未有人講及。」這是歷代學者所忽略，如有人循此路線去作深入研究，必定是一篇極佳論文無疑。錢師説：「能得古人一語，便可深入研究。」事實是，能得錢師一語，也便可深入研究。錢師的每一句指示，猶如大海航行中的舵手，引導我們做學問的正確路向。此正是錢師經驗之談。

我個人覺得過去六、七十年來，在這個苦難頻仍的年代裏，有幸在香港遇到這樣一位了不起的國學大師，可以聽他講學；可以讀他著作；也可以向他執經問難。在抗日戰爭時，他提倡歷史救國；他熱愛中國歷史。他認為中國為世界上歷史最完備之國家，中國歷史最悠久，自黃帝算起約有四千七百年，即使從夏朝開始，也有約三千八百年。而且詳密而無間斷，並世當首屈一指。

錢師早在七十多年前公開指出中國是一個有前途的、愛好和平的偉大民族。他在一九八五年三月，撰寫〈丙寅新春看時局〉一文，刊載於台北《聯合月刊》，錢師從中國民族文化前途的大原則、大理想着眼，未來大陸和台灣必將和平統一，充分表露了他對中華民族的溫情與敬意。

宋代朱夫子曾提出論、孟、學、庸為國人必讀的四書，我認為錢師提出的新四書——論、孟、莊、老更值得提倡，為甚麼呢？朱子的四書全是儒家的典籍，不免流於偏狹；錢師提出儒道並重，則顯得豁達融通，可能有人會問：中國古代的九流十家是否除了儒道以外，其他各家都不值得重視呢？

其實不然，錢師早就説過，其大意是：中國有了儒道兩家，其後各家均從中衍生而出，故列舉儒道兩家已具代表性了。

錢師一生從事教育，著作不輟，教育家沈亦珍[2]老師亦推崇他「是一位自修成名的中國史學家，見解高超，對中國文化有不朽的貢獻，在中國文化史上，將永遠佔有崇高的地位。」

當商務印書館編輯三月初寄我此稿校對時，我正好在三月十九日拜讀《信報》刊出張總先生《毋枉管》專欄〈啟發下一代自覺精神〉一文。其中道：「中華民族國家文化潛力之悠久淵深，則遠在四、五千年以上，『生機之軋塞鬱勃，終必有其發皇暢遂之一日。』這是錢穆的預見。遠在七十五年前，錢穆留下這句話：『中國所患，不在於變動之不劇，而在於暫安之難變，必然國家有暫安之局，而後社會始可以有更生之變。』……到了上世紀九十年代，中國卒之等到『安定之三十年』，中華民族的文化潛力自內部而起，此種新生命力的『發舒和成長』乃成今日的局面。中國的下一代要有『自覺的精神』，『淵然而思，憬然而悟，奮然而起』，民族復興是必然的。」張總先生以經濟學家的眼光，多次在其專欄中提及錢師《國史大綱》所論眼光精準。因此也說明了讀錢師書可給我們後輩以啟發。

台灣中國現代文學研究者秦賢次[3]先生說：「錢穆為我國現代史學的巨匠，也是中國傳統文化最熱心的鼓吹者，他的去世，代表了老一輩正統史學時代的結束，期望史學界後繼有人，新的年輕一代的史學家能開創出更為光輝燦爛的局面來。」這番話正合錢師的心意。錢師熱切期盼「後人能做一個大學者，能取精用宏，走向做大學問之道。」這一點，錢師在講學粹語中已經清晰提到了。

最後，要衷心感謝已有一百一十五年悠久歷史的商務印書館各位同工們，尤其是董事總經理兼總編輯陸國燊博士及助理總編輯毛永波先生，還有責編張宇程先生，如果沒有他們的批准、策劃和趕工，本書便不會提早在今日與讀者諸君見面。在此盼讀者不吝批評。

葉龍　於二零一三年四月五日

定稿於香港

註釋

1 後書只出版《信報》連載之三分一，約十萬字左右，並非全部。

2 沈亦珍：江蘇人，中等教育專家，美哥倫比亞大學博士，曾任台灣師範大學英文系主任，來港後任蘇浙公學校長，一九六八至六九年間曾任中大新亞書院校長。

3 秦賢次：台灣知名學者，專長於中國現代文學研究。